年收破億

有錢人都靠這一招

THE BILLION PATH

年収1億円になる人は、「これ」しかやらない

MBA保有の経営者が教える科学的に正しい「成功の法則」

THE PROVEN NEUROSCIENCE BEHIND EARNING 100 MILLION YEN A YEAR

從上千人的
成功致富經驗中
淬煉出成為有錢人的
「最快捷徑」

上岡正明

賴郁婷——譯

擁有上億年收的人，

和年收入不超過兩千萬的人，

兩者在行為上有著

「明顯差異」。

只有認真想要

「賺取上億財富」的人，

才有辦法實現上億年收的夢想。

如果認為「一年能賺到兩千萬就不錯了」，
最後可能連兩千萬
都賺不到。

必須要先有強烈的渴望，
才有實現的可能。
誠實面對自己的欲望就好，
「目的」之類的其他考量，都不是重點。

那麼，
你現在有什麼
「欲望」呢？

序

從小習慣逃避眼前事情、總是「吊車尾」的我，為什麼最後能夠成為年收入上億日圓的人生勝利組？

看到這本書的書名，你也許會想：

「像我這種沒有什麼優點，也沒有才能的人，怎麼可能一年賺到上億日圓！」

其實你錯了！

成功並不是靠能力決定，跟你的父母和環境也沒有任何關係。

決定成功與否的關鍵，在於「行動」上的差異。能夠持續正確行動的人，就能比其他人早一步取得成功與財富。

換言之，成功是取決於你的「行動」。

身為一個企業經營者，我不會只用能力來評斷員工的價值。雖然現在大多數的企業都是採取成果主義，也就是以業績和任務達成率作為評估標準。但是，真正的成功企業家並不會這麼做，包括我在內。**我們會從包含失敗在內的行動，來正確地評價員工。**

我的行事曆的第一頁上，寫著我的個人信念：

「人的可能性是無限的。透過持續行動，明天會變得比今天更好。」

無論是工作還是創業，甚至是投資也好，如果想要賺錢，所有的結果背後一定都伴隨著行動。

事實上，我敢說之所以會有今天的我，全都是因為我做出了行動。

我一出生就沒有媽媽，國中時經常逃家，大學也沒有考好。一直以來我都認為像我這種個性冷漠、不屑努力、也沒有才能的人，「絕對不可能成功」。

出了社會之後也是一樣，我依舊是個不重視努力、凡事都「吊車尾」的人，而且也沒有時間觀念。現在回想起來，自己當年總是給那些關心我的恩師和其他人添麻煩。

我就像把一開頭那句「像我這種沒有什麼優點，也沒有才能的人，怎麼可能一年賺到上億日圓」成天掛在嘴邊的那種人一樣。

然而，隨著主動採取行動之後，我認識了許多成功人士，想法有了一百八十度大轉變。我成為擁有三家子公司的集團經營者，出版了包含中國、韓國、美國等翻譯本在內共約二十本書籍，轉眼間就累積了上億日圓的資產。

那些認識當年的我的恩人們，大家都異口同聲地說：

「那個個性散漫、做什麼事情都半途而廢的你，究竟是怎麼辦到的？」

事實上，許多擁有上億年收的成功人士，或是擁有好幾家公司的企業經營者，有的是出身於貧困家庭，有的沒有高學歷，但他們最後都靠自己的努力克服了這些差距和不利條件。

相反地，有的人即便出身名校且擁有卓越技能，卻因為無法發揮能力而憂鬱苦悶、有志難伸。

為什麼會有這樣的差異呢？

為了找出原因，我一面經營公司，一面在研究所研讀資訊學。我以腦神經科學為專攻，在學會等組織進行研究，不斷尋找答案。

在針對大腦和成功法則之間的關聯性進行各種研究之後，我發現了一件事。

一切的關鍵就在於「**行動**」。說得更具體一點，行動背後所需要的「知識和習慣」，以及促使自己採取行動的「機制」，才是最重要的。

「只會一味地輸入」，生活是不會有改變的

除了企業家和作家的身分之外，我也透過投資累積了許多資產。同時我也是個YouTuber，個人頻道擁有超過二十萬以上的訂閱人數。

這些特殊身分讓我獲得不少國外媒體和電視節目的採訪，也有幸接觸到許多企業家、創業家、運動員和藝人。

從這些「成功人士」的身上，我發現一個共通點。

那就是，他們都擁有**驚人的行動力**。

一個人的成敗，不只取決於與生俱來的能力，比起能力，決定人生的關鍵還是在於「行動」。

你也許會說：「這不是廢話嗎？」

那麼，我要請問各位一個問題：

回顧過去的人生，你有自信自己一直都有做出行動嗎？

會不會**你只是自以為自己有在行動呢？**

舉例來說，無論輸入再多的資訊、擁有豐富的知識和技能，若是忽略了輸出，遲早會喪失優勢，也會停止成長。

倘若不行動，就無法驗證所輸入的東西是否正確、是不是適合自己。也就是只會輸入，卻停止改變，就像水壩將水止住一樣。

像這樣深陷在「無止境的輸入」中而誤以為自己正在行動的人，實在太多了。

說白一點，這只是在浪費時間。

坊間有非常多針對「想提升行動力」、「想改變無法持之以恆的自己」的人所寫的書，裡頭提供了許多讓人躍躍欲試的方法，或是培養習慣的方法。

但是只有這樣還不夠，還缺少某個關鍵性的要素。

我就直截了當地說吧，**過去一直無法採取行動的人，如果想要改變日常生活，或是死氣沉沉的年輕人要找回幹勁，必須要有一股徹底打破舊有思維的力量。**

以我自己的例子來說，為我帶來這個契機的是一本書。

二十幾歲時，我讀了《カリスマ体育教師の常勝教育》（中譯本書名為《致勝教育》）這本書，它改變了當時總是不停給人添麻煩的我。

作者原田隆史老師被調派到大阪一所問題很多的中學，他堅信無論出生的家庭環境如何，靠著行動和習慣的力量，一定可以讓這些內心荒蕪的學生徹底改變。

於是，他帶領學校的田徑隊連續七年打進全國大賽，創下七年內勇奪十三次冠軍的輝煌紀錄。

他透過運動引導孩子們一步步成長，徹底改變了這些年輕學子的人生。

如同本篇一開始所說的，人的可能性是無限的。這一點不論是小孩還是大人都一樣。

原田老師也說過：「只要真心給予教育和引導，無論是哪一種孩子，都一定能改變。」

這一切也必須要靠行動才有辦法開始。

行動力可以作為自己的武器，但它不是目標。

找到付出行動之後所希望獲得的目標，才是達到上億年收、成為有錢人的「最快捷徑」。

快速擁有上億年收的方法

包含上述的重點在內，本書針對年收入一億日圓的成功者們身上所見的共同原則、行動模式和思考方式等，做了系統化的整理。

為此，我研讀了上百本相關書籍。

拜訪了上千位年收入超過一億日圓的成功人士，請教他們的成功方法。

除此之外，我也在自己的YouTube頻道上針對超過二十萬的訂閱者進行問卷調查，瞭解大家「無法成功的理由」，嘗試找出根本的解決方案。

我寫過很多本包含閱讀方法在內等跟輸入和學習方法有關的書，也在YouTube頻道上分享許多投資相關的訊息，不過這本書所要談的並不是投資。

雖然如此，但**書中所介紹的方法都是針對工作、學習和投資的基本思維和行動來說明，不僅適用於任何人，而且每個人都做得到。**

看完這本書之後，你將掌握成功所需要的一切關鍵，甚至連運氣都能掌控。到最後，相信你也能站上快速達成上億年收入的起跑點。過去隱藏在你身上的無限可能將會瞬間全部釋放，必定能讓你迎來更豐富的人生。

能夠推開無限可能這扇大門的人，只有你自己。

現在就踏出你的第一步吧！

CONTENTS

有錢人都靠這一招
年收破億

第2章

有錢人都會受到時間的眷顧！

─使自由時間發揮最大效益的「五大機制」

第3章

擁有上億年收的玩家，隨時都會保持好心情！

——成功者的「五大口頭禪」

成功的口頭禪

第4章

有錢人不管跌倒幾次都會重新站起來！
——打造出無敵心智的「極限突破術」

第5章

跨越兩千萬年收的高牆！

──無論任何目標都能確實達成的「三大方法」

● 兩千萬年收的高牆

第6章 為什麼有錢人做事特別快？

——成為立刻行動之人的「七大習慣」

第7章 有錢人都是輕鬆賺錢的高手！

──以最少的努力增加財富的「複利法則」

終章 閉關修煉！只針對「這些」做輸入

—金字塔頂端1%的富豪都在實踐的「20條神規則」

成功的黃金法則

我所歸納出來的
「一般人快速達到上億年收的公式」

擁有上億年收的人的成功公式

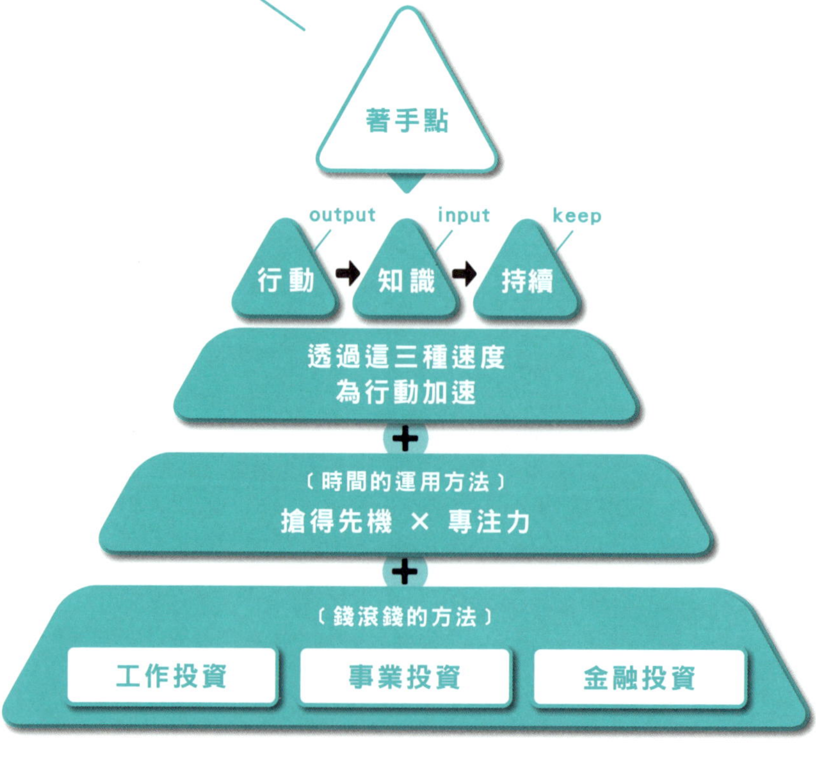

第1章

完全照著成功的人去做就好！

——加快初期行動，且無痛持續的「4大必勝技巧」

啟動行動的技巧 01

從小行動開始做起

——先踏出「第一步」才能開始

在一開始我想先說明一件事。

在採取大行動之前，別忘了**更重要的是「小行動」**。

因為小行動的累積能夠讓你獲得經驗並養成習慣，離成功更近一步。

想要達成目標，必須確實地踏出「第一步」。

即使持續透過輸入不斷累積知識，但如果不增加輸出的機會，終究還是無法改變人生。

因此，你必須要做的是，先將目標拆解成每天都能確實做到的行動，然後不斷地重複去做，直到變成習慣為止。

早上一到公司就開始工作。

每天寫工作日誌，就算只有一行也好。

經常把寫有目標的行事曆拿出來看，提醒自己。

任何行動都可以。

每天持續地做，在看見成果之前，你將先獲得自信。有了正確的態度之後，自然就能充分發揮實力。

說到賺錢，一般人總是以為必須採取大行動。事實上，除非是中樂透頭彩，或是藉由詐騙之類的獲得大筆金錢，否則不可能在短短幾天內就變成有錢人。

真正的成功，都是從踏出「第一步」開始。

持續做自己做得到的事，別在意自己辦不到的事

想要強化成功的能力，方法不是克服困難，而是要持續並加強自己做得到的事。

一九七六年蒙特婁奧運的金牌得主當中，有個名叫蘭尼・巴沙姆（Lanny Bassham）的運動員，他曾經說過一句名言：**「自信早在比賽前就已經決定了。」**

意思就是說，自信並非來自於贏了比賽，而是比賽之前的所有過程，都會漸漸轉化為自信。

有沒有什麼事情是你每天都持續在做的？任何事情都可以，請從自己做得到的開始做起。

如果想不到，也許可以先從「使用正向語言」開始。

因為就我所知，年收入達到一億日圓的人都不會用悲觀或負面的方式說話。

通往上億年收的成功之路 1

使用正向語言。

啟動行動的技巧 02

停止思考

有時間聽講座，不如「動起來」

「就算看了理財方面的書或是參加講座，到了隔天人還是又開始發懶、提不起勁。這種情形該怎麼辦才好？」

應該很多人都有這種困擾吧？

這種心情我很瞭解。

雖然我這個寫過很多本投資理財書的人說這種話有點奇怪，但是，如果看書或是參加講座就能找到動力、變成有錢人，這世上應該早就有錢人滿街跑了。

那樣當然是個很棒的世界，但是現實並非如此。

即使獲得知識，但如果不加以運用，一樣毫無意義。

雖然缺乏知識也不好，但光是擁有知識，人生不會有任何改變。

那麼，成功的秘訣又是什麼呢？我認為關鍵應該是在於**以正確的態度持續做到的「行為」**。只要能改變一個人的行為，接下來他自然就會有動力。

而說到年收入達到一億日圓的成功者必定會有的特徵之一，就是**「展開行動的速度非常快」**。

在YouTube上看完介紹說話方法的影片之後，當天馬上運用在簡報上。

利用下班回家的途中讀上司推薦的書。

早上一起床就看書。

無論任何事情，**先暫停思考，試著去做做看。做了之後再來思考。**

只要保持這種態度，就能大幅提升展開行動的速度。

只有行動之後，才有成功或失敗。

大家可以試著停止考慮得失，想到什麼就去做，就算最後失敗了也沒關係。

失敗會成為下一次成功的養分，因此，決定好目標之後，不妨在當天、當下這一刻就立刻採取行動。

通往上億年收的成功之路 ❷

放下書本，把腦海中浮現的想法付諸行動。

啟動行動的技巧 03

快速切入循環法

——以量為優先，加快成長的速度

大家常說工作「品質」很重要。

但除此之外，我認為也應該同樣重視「量」和「速度」。

如果只追求「品質」，很容易會因為希望事情順利而變得過於謹慎，結果導致行動受到阻礙。

假使非要等到一切都準備就緒才展開行動，做起事情來會變得裹足不前，無法踏出「第一步」。

唯有行動優先，才能比對手早一步贏得成果。

這裡所說的成果，也包含了失敗。檢視失敗的原因並加以修正，使其成為下一次行動的線索。

從這一點來說，失敗能成為帶領自己通往成功的指引，因此也能算是重要的成果之一。

只要沒有遭受致命的打擊，不論失敗幾次都能重新再站起來。

相反地，**如果抱著「不容許失敗」或是「一開始就必須達到比預期更好的成果」的想法，大腦反而會因為壓力而做出軟弱、消極的判斷。**

跟大家分享一個很有意思的腦科學實驗。

史丹佛大學的卡蘿・杜維克教授（Carol S. Dweck）透過實驗，稱讚某一群孩子「你好厲害」、「你是天才吧」，對另一群孩子則說：「你還可以再做得更好」、「再繼續加油」，寄予期待。

結果，一直被讚美的孩子漸漸地開始害怕失敗，只會做出安全的選擇。

相反的，那些努力的過程受到肯定、被寄予成長期待的孩子則會主動選擇困難的題目，勇於接受挑戰。

從這個實驗可以知道，**一味地追求成功而害怕失敗，會讓人在輸出的時候不得不謹慎，因而變得害怕行動。**

省略規劃而直接行動，讓我成功成為人氣YouTuber

成功也好，失敗也好，都必須要先有輸出才有結果。

想要提高成功率，從腦科學的角度來說，**最有效的方法就是先追求「量」，收集更多讓自己更接近目標的資料。**

具體來說就是不斷重複「❶調查對手→❷決定切入點→❸模仿行動→❹進行驗證→❺決定下一個切入點→❻採取獨創性的行動」的循環。

我把這一套方法稱為「快速切入循環法」。

以我自己的經驗來說，我算是很晚才起步的投資理財型YouTuber。

我既不是常在電視上露臉的知名人物，也不是社群媒體上的網紅。像我這樣的「影音新手」，後來之所以能夠成為擁有超過二十萬訂閱人數的YouTuber，全都是**因為我選擇了以「量」為優先。**

快速切入循環法

●以開漢堡店為例

1. 調查對手……分析其他店家的菜單和定價
2. 決定切入點……參考其他店家，推出低價位菜單
   別人賣得還真便宜
3. 模仿行動……模仿其他店家的做法
4. 進行驗證……根據實際的營業數字進行驗證和比較
5. 決定下一個切入點……改走高價位路線
   走高價位才能做出差異！
6. 採取獨創性的行動……研發頂級漢堡

再回到❶重新開始

CHECK

不必制定計畫！

在頻道創立之初，我仔細研究了在類似領域中經營得相當成功的前輩所製作的影片（1），先從製作類似的影片上傳開始做起（2）。

雖然一開始只是測試，不過現在回想起來，當時的內容實在非常糟糕。不過，由於當時的訂閱人數只有幾十人，所以我可以毫無顧忌地進行各種嘗試。

上傳了影片之後，我會根據觀看者的反應，並與訂閱人數較多的頻道做比較，一步步精進自己不足的地方（3）。

具體的比較內容包含主題的設定、說話的節奏、影片長度、資料的難易度、縮圖的設計、表情等各方面的影響（4）。

此外，我也會根據頻道經營者才看得到的數據資料，驗證觀看者退出影片的時間點，作為下一部影片的製作參考。**一直到上傳了三十部影片之後，我才針對內容方向做了大幅度的調整（5）。**

我徹底改變影片的主題，過去我做的都是和時間管理術、筆記技巧等商業相關的內容，後來改成以「金錢」為主要題材（6）。

這麼做也是因為**驗證了過去的數據資料**。在我過去所上傳的三十部影片當中，點閱率最高主題是「年收入一億日圓的賺錢秘訣」和「增加財富的方法」。

再加上當時商業類的頻道有中田敦彥先生和堀江貴文先生等許多強勁對手，呈現群雄割據的狀態。相較之下，投資理財頻道的競爭對手還不多，因此我認為是個可以經營的領域。

從那之後，同樣地在研究了類似領域的成功者（❶）之後，我開始以投資理財方面的題材為重心上傳影片（❷）。

這時候，為了避免造成觀看者的混亂，我把之前上傳的三十部影片一口氣全數刪除。那些對我來說都是為了「累積經驗值」和「進行驗證」，所以即使刪除也不會後悔。

運用在興趣和運動上也很有效！

在不斷反覆修正方向之下，雖然最後頻道的定位和當初設定的完全不同，不過我只花了一年多的時間，就成功突破十萬的訂閱人數。

即便現在的人數已經超過二十萬人，我仍然持續著這套「❶調查對手↓❷決定切入點→③模仿行動→④進行驗證→⑤決定下一個切入點→⑥採取獨創性的行動」的循環。

這個「快速切入循環法」最大的優點在於**不需要制定任何計畫，讓人可以更專注在行動上。**

透過專心一志、持續行動，就能和身邊的人拉開壓倒性的差距。

「快速切入循環法」可以運用在包括經營、工作、興趣和運動等所有領域。

這不只是成功達到年收入一億日圓的我自身的經驗，根據我對我所認識的那些許多上市公司老闆和頂尖富豪等比我更成功的人所做的研究，想要比任何人更早贏得成功，就必須掌握這個「快速切入循環法」。因此，請各位無論如何都要學會這個方法，把它變成贏得成功的武器。

通往上億年收的成功之路③

一開始不需要制定縝密的計畫。

啟動行動的技巧 04

輸出佔九成

——加快展開行動的速度

除了上述幾點以外，還有一個我平常會隨時注意的重點就是**「速度」**。

大多數的人都會認為，只追求速度，做起事情來就會變得草率，而且容易做出錯誤的判斷。當然，這種想法也有它一定的道理。

只不過，如果過於講求仔細，也會耽誤到工作進度而得不到外界的肯定。**年收入達到一億日圓的人在面對工作的時候，絕對是以速度為優先。**這裡所說的速度，指的不只是做事情很快，也包括從輸入到輸出的速度。

大部分的人都很容易將重心放在輸入上，一般人的比例大約是9：1。就算是較常

輸出的人，可能也只有7：3而已。但即便如此，輸出的量還是遠遠不夠。

因此，請大家試著做到輸入1：輸出9的比例。

大家也許會覺得「輸出佔9成」的比例太多了，但事實上，透過「快速切入循環法」，要達到這個比例並非不可能。

獲得知識之後，應該立刻加以運用，盡可能從中找到更多切入點來促使自己展開行動。

簡單來說就是別吝於使用知識，要立刻進行輸出。

只要做到這一點，距離年收入一億日圓就能向前邁進一大步。

通往上億年收的成功之路 4

以現有的知識列出自己現在能做到的十件事，並付諸行動。

第2章

有錢人都會受到時間的眷顧！

——使自由時間發揮最大效益的「五大機制」

創造時間的技巧 01

一秒法則

——符合腦科學的「快速行動開關」

年收入達到一億日圓的人不僅擁有財富，而且也擁有「自由的時間」，因為他們都知道，輸出比輸入更重要。

不僅如此，他們也會運用「機制」來增加輸出，避免浪費太多時間在準備和輸入上。

這一章會介紹幾個我自己平常也在運用的「能夠有效利用時間的技巧」，學會之後，保證能讓你行動力大幅提升，無論事業還是人生，都會非常順利。

設定小目標，做到短時間專注

增加輸出量最簡單、最有效的方法就是**「一秒法則」**。

這是**當無法集中注意力時，快速讓自己專注於一件事情的技巧**。

想要完成一件事情，必須摒除不必要的工作和雜念，專注一志地達成目標。我把這種能力稱為「專注力」。

透過不斷重複「設定小目標，做到短時間專注」，能夠讓專注力獲得提升。

只不過，有時候雖然知道「必須去做」，但就是遲遲無法展開行動。遇到這種時候，請務必試試接下來介紹的「一秒法則」。

順帶一提，這個技巧的發想是來自於梅爾・羅賓斯（Mel Robbins），她長年飽受恐慌症之苦，服用抗焦慮藥物長達二十年之久。這樣的她，後來**透過「五秒法則」徹底翻轉了自己的人生**，不僅行動力大幅提升，甚至還自行創業。

後來，她寫了一本關於「五秒法則」的書，在全美賣了一百萬冊，讓她從此成為暢銷作家，甚至站上紐約的TED等場合面對眾多聽眾進行演講。

她所提倡的方法非常簡單，想行動的時候就立刻倒數「五、四、三、二、一」，在數到「零」之前「一定要展開行動」，如此而已。

這種做法是透過行動來刺激大腦分泌多巴胺，再加上倒數就像一種自我催眠的暗示，因此從腦科學的角度來說非常有效。

因為說出口也是一種行動，能刺激多巴胺的分泌，自然而然就會跟著產生動力。

透過拍手來支配大腦，加快行動的速度

我把梅爾．羅賓斯的方法加以變化，縮短成一秒的時間，也就是我現在要介紹的「上岡式一秒法則」。

方法同樣很簡單，**只要拍一下手，然後說：「好，開始吧！」**這樣就行了。

透過這個方法，我找到了讓自己立即行動的開關。

如同前面所說的，人要先有行動，才會產生動力。因此，這個方法就是藉由拍手來喚醒大腦的行動，引起注意，同時透過說出聲音來即時創造行動的著手點。

無論是「拍手」還是「說出聲音」，都是很好的行動。

這些行動都會觸發動力的產生，因為多巴胺這種神經傳導物質會刺激大腦的行動中樞，進而轉換成動力。

最新的研究發現，只要有行動，即便是再小的行動，都能刺激大腦的伏隔核，促使多巴胺分泌。

換言之，拍手並說出聲音的行為能夠讓人支配大腦，自由操控行動的開關。

水族館的海豚為什麼能夠做出完美的特技動作？

拍影片、寫論文、修改他人委託的稿子等，每天忙碌於這些該做的事，偶爾當然也會覺得「今天什麼事都不想做」。

即便是這種時候，只要能善用「一秒法則」來喚醒大腦，以我來說，就會自然而然地動起來。

這時候還可以再加上另一個行動。

讓自己快速展開行動的「上岡式一秒法則」

1. 雙手用力拍出聲音
2. 說一些「給自己帶來能量的話」
3. 隨後馬上展開行動

深深吸一口氣，然後雙手用力拍出聲音，同時對自己說「好，開始吧！」等自我激勵的話，或是**說一些「給自己帶來能量的話」**。

也可以喊出自己小孩的名字。

做完這一連串的動作之後，在幾分鐘之內務必要展開行動。我把這個舉動稱之為行動「強化」。

水族館裡的海豚之所以會依照訓練師的指示行動，是因為行動之後能獲得「獎賞」。只要聽到餵飼料的鈴聲就會流口水的巴夫洛夫之犬的實驗也非常有名。

把眼前能讓自己開心的「獎賞」說出口，也是個不錯的方法。

當然，在某些工作環境下為了避免吵到身邊的同事，可以稍微改變一下做法，例如降低音量等。

畢竟這只是一種啟動大腦觸發器的儀式，跟聲音大小無關。我甚至認識一位職業撞球員，每到決定勝負關鍵的時候，就會在耳邊彈指。

即便是這樣的簡單動作，只要能深深刻進腦海裡並加以強化，保證會大幅提升展開行動的動力。

通往上億年收的成功之路 5

想專心的時候就用力拍手，並且對自己說一些「振奮精神的話」。

創造時間的技巧

02

短時間完全專注

——最能創造財富的三個空閒時間活用技巧

我曾經和Livedoor的創辦人堀江貴文先生在講座和餐會上見過幾次面。

有一次，同席的企業家問到關於時間的運用技巧，當時他是這麼回答的：

「有句話說『時間就是金錢』，但要我來說的話，沒有比討論這個更浪費時間的事了。把時間和金錢看作一樣，根本是愚蠢的行為。」

根據他的說法：「對人類來說，最有價值的東西只有時間。」

必然會成功，或是年收入達到一億日圓的人，都懂得有效利用「空閒時間」。

能賺到錢的成功者都很明白「時間有限」的道理，所以他們會利用計程車來移動，抓緊時間收發電子郵件，或是瀏覽網路新聞以獲取資訊。

根據某項調查，**一般的上班族一天平均會有一個小時的空閒時間**。而且這些大多都是零碎的時間，無法規劃用來專心投入並完成某件事情，因此很容易不知不覺就在發呆中度過。

可是，如果每天浪費一個多小時的時間，累積下來就會變成一大損失。既然如此，應該怎麼做才能有效運用這些空閒時間呢？

上岡式時間術1 一次只要專心兩小時

首先，要做的是從一開始就**「不要讓時間空閒下來」**。

我似乎可以聽到大家的怒吼：「欸，在說什麼鬼話啊！」不過請先聽我說完。

我把每一天分成一大早五點到七點的超專注時段，以及早上、下午、傍晚等四個作

我的一日時間規劃

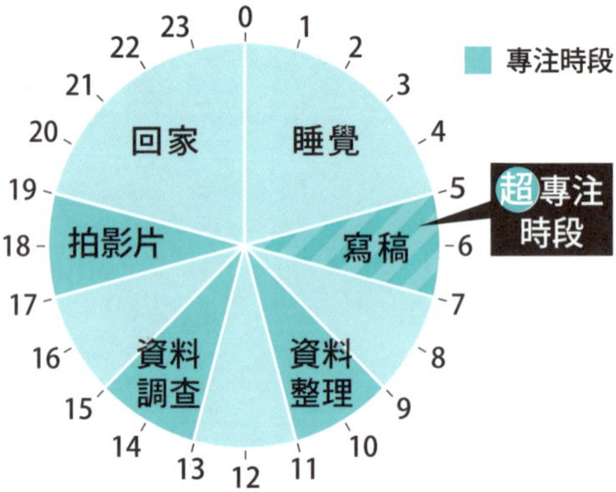

業時段。每個時段分別是兩個小時，在這段時間內我會保持專注，全力衝刺。也就是說，我每天都會有四次全力衝刺的時間。

在這些各自兩個小時的作業時間內，除非必要，否則我絕不會離開座位去泡咖啡，或是跟部下閒聊，或是散步去超商買東西順便休息等。就連移動也盡量避免。簡單來說就是，打從一開始就想辦法避免製造出不必要的空閒時間。

零碎的時間一個月，或是一年累積下來，所形成的差距將會是無法挽回的龐大。

像是孫正義或是比爾・蓋茲這種在商場上大有成就的企業家，無疑都是善用時間的高手。他們總是會不斷強調時間的有限，而運用時間的方式就是產生差距的最大關鍵。而且，他們也會確實做到這一點。

我也非常贊同他們的論點，想要獲得成功，如何專注地有效運用時間是非常重要的關鍵。

因此，首先請大家要隨時自我提醒，盡量避免製造出不必要的空閒時間。

上岡式時間術❷ 善用搭計程車移動的十五分鐘

需要通勤或是經常跑外務的業務員，無論如何都無法避免產生空閒時間。就連我也不例外。

那麼，在下一個行程之前的空檔時間，可以怎麼運用呢？

我自己採取的做法是**「事先規劃好要做的事情」**。

只要是在東京都內移動，我幾乎都是搭計程車。

我不覺得這是在浪費錢，因為我會利用移動的時間，在車上做一些像是收發電子郵件之類的事情，好讓自己回到公司的時候能夠專注在工作上。也就是做好區別，利用在外面的時間處理雜務，公司則是工作賺錢的地方。

如果是搭電車，包含走到車站入口閘門在內需要半小時時間的地方，改搭計程車就能縮短成十五分鐘，足足省下一半的時間。

這時候，我會利用這十五分鐘的空檔時間來檢查電子郵件，甚至是回信。

我每天都會收到公司員工寄來的工作日誌，這些我全部都會看過，而且一定會回覆。這個習慣自從我創立公司以來，二十年來從未改變過。

大家也許會覺得這麼做很麻煩，但其實只要利用零碎時間來回覆，就不會影響到事先決定好應該專心的核心時間。

我還會利用這個移動的時間來整理要給部下的問題。

我跟每個部下的各別對話，全都是透過LINE來進行。

透過LINE可以省略問候等不必要的對話。甚至只要輕輕一點，就能確認履歷。幾行字就能清楚交代工作，非常方便。

上岡式時間術③ 善用數位工具

如果空檔時間長達二十分鐘以上，我會把隨身放在公事包側邊口袋裡的藍牙耳機戴上單邊，瀏覽商業相關的YouTube影片。二十分鐘差不多可以看個兩、三部影片。

如果用1.5倍速播放，就能獲得相當於一本書的資訊量。

在移動中要做筆記有點麻煩，所以如果看到喜歡的句子，或是想先學起來、之後再運用的東西，我就會開啟Apple Watch的語音備忘錄來快速留下筆記。

最近手機的語音辨識功能都做得十分優秀，即使是在移動中的計程車或是電車，幾乎都能精準地轉換成文字，非常方便。

空閒時間的好處在於，一開始就知道什麼時候會結束。

正因為接下來還有其他行程，例如開會或是聚餐等，所以會告訴自己必須在時間內完成。

只要運用得宜，不起眼的空閒時間也會帶來明顯的差異。

不要認為「五分鐘的零碎時間什麼也做不了」，應該認真思考「五分鐘能夠做什麼」，把時間拿來做最有效的運用。

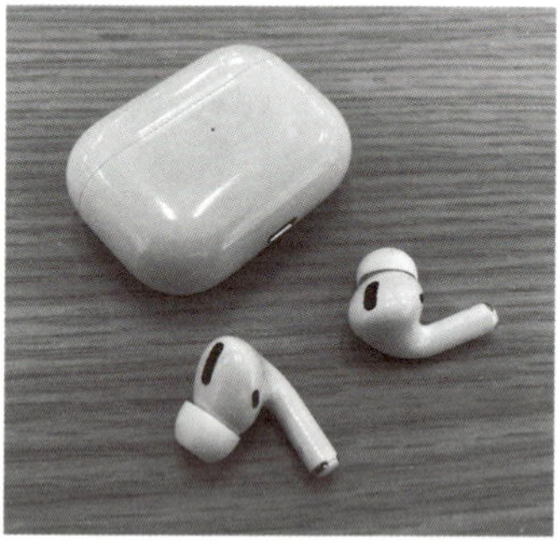

藍牙耳機

只要做到這一點，相信一定可以增加許多能夠自由運用的時間。

年收1億

通往上億年收的成功之路 6

事先想好5分鐘、15分鐘、1小時的時間分別可以做什麼事。

啟動行動的技巧

03

晨間略讀

——擁有上億年收的人的晨間活用術

寶貴的晨間時光，體感上的生產力和專注力會是白天的兩倍，傍晚和晚上的十倍。

為了有效運用大腦最活躍的時間，早上起床之後，我會先寫書稿或是論文等進行輸出。

接下來如果還有時間，就看書或是瀏覽網路媒體，吸收之後輸出所需要的資訊。這種時候，我會使用一種叫做**「略讀」**的技巧來收集資訊。

略讀是一種只輸入當下所需資訊的方法。

一般在看書或是讀新聞報導的時候，就算從頭到尾都看過，但實際上超過大腦所能負荷的部分，最後都不會留下記憶。

大家應該都有聽過「遺忘曲線」吧？

如圖表所示，人的記憶經過二十分鐘後會遺忘百分之四十的內容，到了隔天甚至有

百分之七十五的內容都不會記得。

不過，實際上我們每天所接觸到的資訊可以分為流動型和儲備型。**遺忘曲線的實驗針對的是「儲備型資訊」**，也就是非常想記住的東西。像是大家在考前溫習所背的那一些公式和重要單字等，都是屬於這一類的資訊。

另一方面，我們平常接觸的書本或挑著看的新聞等，都是一些比較輕鬆，快速瀏覽的東西。

與其說是「記住」，這時候的大腦比較像是在持續進行的作業過程中，不

遺忘曲線

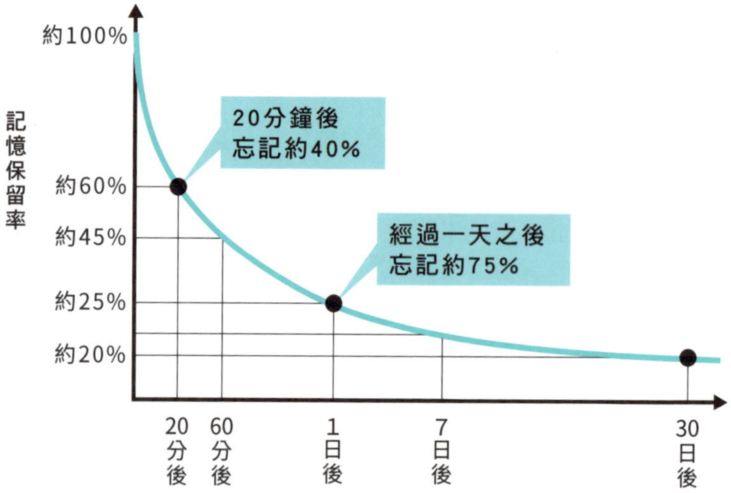

斷接觸到各種資訊。這一類的資訊，我稱之為**「流動型資訊」**。

相較於儲備型資訊，大腦會將流動型資訊視為短期記憶而遺忘。

人類大腦的運作比我們所想的要來得更有效率，這也是為什麼大腦一天所消耗的熱量，甚至比身體其他所有器官的總和還要多的原因。

反過來說，大腦不會浪費能量在現在不會馬上用到的非必要記憶上。既然如此，**就算花時間在一開始就不會記住的流動型資訊上，效果也是有限。**

因此，我打從一開始就只優先輸入能夠立刻用在工作上的資訊，其餘的一概放棄。

反正遲早會忘記，如果只是為了以後可能用得到而增加輸入，結果也只是浪費時間而已。反而是行動得愈多，大腦能記住的輸入也會跟著愈來愈多。

這時候能派上用場的就是「略讀」的技巧，也就是只鎖定當天用得到的資訊，或是對目前的工作有所幫助的內容來進行輸入。

就算必須捨棄部分資訊，也不用在意

略讀的重點主要有以下四點：

1 只選擇需要的資訊進行輸入

2 其餘資訊一概捨棄

3 隨時保持問題意識

4 根據問題意識鎖定重點以收集資訊

我再重申一遍，大腦只會優先記住重要的資訊，尤其是能夠馬上使用的資訊。

既然如此，平時在進行輸入的時候就要提高敏銳度，過濾並鎖定能夠派上用場的資訊。

這種做法在腦科學中稱為**「彩色浴效應」**（Color Bath Effect）。

這種大腦功能會讓人在聽到「請找出紅色物品」時，大腦便自動從影像中搜尋紅色的物品，例如郵筒、巴士、蘋果等。

透過彩色浴效應的運用，任何人都能輕鬆做到略讀。

即使不特別注意，只要平時保持問題意識，在一個月內自然會留意到需要的資訊。

根據問題意識，仔細篩選新聞報導或網路文章來讀，**就能大幅減少輸入完便遺忘的流動**

型資訊的處理時間，提高即刻行動的機率。

訣竅在於即使有些文章不讀，或是略過某些資訊，也不要有罪惡感。要把那些視為「佔用大腦空間的情報」果斷地捨棄。

年收入達到一億日圓的人，通常無論如何都不會做沒有意義的行動，包含輸入也是。透過盡可能減少無意義的輸入，把多出來的時間全部用來輸出，就可以在不改變現有循環的情況下，有效地增加行動量，生產力也會因此逐步提升。

通往上億年收的成功之路 7

將輸入時間減半吧。

針對行動立即改善

「慢慢調整」是無法生存的

另一個我很重視的要點是試錯的速度。

工作上的速度大致可以分成三種。

一種是「開始做事的速度」，也就是著手的速度。

另一種是之前介紹過的「做事情本身的速度」。

生產力就是屬於這一類。關於這個部分，可以參考第1章的「快速切入循環法」或是「輸出佔九成」的內容。

最後，還有一種也很重要的速度是**「行動之後的試錯速度」**。缺乏改進的行動是沒有意義的，這是我一直以來不變的原則。

不只是我，這也是上市公司的經營者等每個成功者身上必然會有的共通特徵。**能幹的人不只具備行動力，而且在採取行動的下一秒就會開始思考改善對策。**

大家也許不太能理解行動和改善該如何同時進行。

不過，達到上億年收的人實際上並不會等行動結束之後，才開始慢慢進行調整和改善。

隨身攜帶厚厚一本行事曆的背後原因

我曾經與相川佳之先生一同共事過，他是湘南美容集團的董事長，該集團在全日本擁有超過一百家分店診所，並在十幾年內成長至年營業額百億的規模。

相川先生最廣為人知的一點，就是他隨身都會帶著一本厚厚的行事曆，裡頭記錄著公司營運和人事上需要改進的地方。

我曾向他借來稍微拜讀了一下，發現他從書本或講座中獲得想法之後，會立刻在行事曆上寫下「今後該如何改善」。也因此，他的行程表總是塞得密密麻麻的。

採取行動，一旦發現問題就當場寫下需要改進的部分，並直接告知下屬或高層主管，不把問題帶回去。

正因為是以如此驚人的速度面對工作，才有辦法在短短二十年內就在全日本擴展至一百家分店。當年的這般深刻體會，我至今仍然記得。

日本最大購物商場——樂天集團的創辦人三木谷浩史先生的座右銘是「**改善**、**改善**、**改善**」和「**速度**、**速度**、**速度**」。

很驚人吧，三個改善，再加上三個速度。

可見他有多麼重視改善的速度。

我曾在三木谷先生主辦的一場企業家交流會上見過他一面，當時他的一句話讓我印象十分深刻：「完成工作就立刻針對問題做調整，這樣剛剛好。」

其他我所認識的擁有超過上億年收的成功者們也是一樣，他們行動和改善的速度都非常快。可見毫無疑問地，成功的秘訣就在於「邊做邊改善」。

不過度依賴「截止日期」

為什麼頂尖的企業家有辦法做到「邊做邊改善」呢？

因為他們都知道**「比起別人的期待，以自己為中心，做起事情來會更順利」**。他人的期望最典型的代表就是所謂的「截止日期」。

隨著截止日期愈來愈接近，專注力會開始發揮，以驚人的速度完成工作。相信大家應該都有這種經驗，可是相對地，拖到最後一刻才開始著手，不僅精神上會很痛苦，也會增加出錯的機率。

若要做到以自己為中心，而不是他人的期望，必須**凡事提早進行並且當場檢測，盡可能在當天內完成改善，為之後的行動保留餘力**。

如果有時間煩惱，不如立即行動，並針對問題當場改善，這才是對完成工作有幫助的做法。

工作速度慢也許是能力上的問題。

但是，開始著手的速度和次數，取決於一個人的態度和熱情是否朝著正確的方向前進。

換句話說，這是採取行動之前的問題。

當然，重視著手之前的行動和速度，難免會導致疏漏或是判斷錯誤，但我認為即便如此也沒關係。

如果事前謹慎研究並做出判斷，便能百分之百避免犯錯，那麼這種工作只要仔細做好準備就行了（也有例外，例如攸關人命等）。

不過，根據我經營三家公司，並且以顧問身分參與過許多上市企業的專案及海外事業的經驗來說，**工作上發生的小疏失，有百分之九十九反而會成為改善的契機**。

尤其是在創立階段，要完全不犯錯根本不可能。

包括各位現在玩得很開心的手機遊戲也是，在初期階段也有無數個bug，也就是所謂的系統錯誤。

這些bug會在數百位玩家同時進行遊戲，一邊確認動作一邊逐一進行檢測之下獲得修正。無論是設計多麼精密的程式，要從一開始就完全排除bug是不可能的事。

因此，別人花一百天完成的工作，若是能在一天內完成，並利用剩餘的九十九天來進行改善，無論是最後的成果還是速度，肯定都能大幅提升。

剛開始尚未熟練之前，每一次的改善可能都會花上許多時間。

但是，只要持續正確地行動，一定能愈來愈熟練，所以請不要放棄。

通往上億年收的成功之路 8

在被要求的截止日期之前完成工作，並利用剩餘的時間進行改善。

創造時間的技巧 05

反省筆記術

——若是感到沮喪，不如動起來

瞭解了行動和試錯速度的重要性之後，接下來要說明的是當遭遇失敗、犯錯或是受到責備而感到沮喪時，該如何應對。

犯錯之後的反省非常重要，即便是我，有時候也會因為失敗感到十分沮喪。可是，反省過後如果只是陷入沮喪，將得不到任何學習。與其終日嘆氣，不如立刻開始進行試錯。雖然沮喪，還是要積極地邊行動邊進行改善，這麼一來心情也會變得比較積極。

腦科學研究已經證實，人的幹勁和動力是由大腦的前額葉皮質所控制。同時研究也發現，**前額葉皮質會隨著行動，也就是不停地活動手腳而變得活絡。**

與其停下來煩惱，應該藉由行動來刺激動力荷爾蒙多巴胺的分泌，讓自己能夠持續積極地保持輸出。

前面介紹過的「一秒法則」，也是利用這種大腦機制的一種心理控制術。沮喪的時候，更不應該停止行動。與其坐在桌子前抱頭煩惱，不如出去衝刺快跑，肯定能獲得更多靈感。

善用筆記本整理改善對策

說得更具體一點，要盡可能縮短沮喪的時間，把時間用來進行試錯的改善。

如果因為工作上的失誤而一整天陷入沮喪當中，不如在一開始的三十分鐘深刻反省，剩下將近七個小時的時間，請立即進行改善。

在思考改善對策的時候，**不妨可以把想到的全新方法，寫在筆記上做具體的整理。**

舉例來說，要交給重要客戶的資料不小心把對方的名字寫錯了，這時可以在筆記本上寫下具體的改進方法，例如「從下次開始，除了要給上司確認之外，還要請同事一起進行確認」，或是「在前一天完成資料，隔天一早再檢查一遍」等。

寫好之後，就要利用「一秒法則」立即行動。找到著手點，採取行動，然後進行改善。賺取年收入一億日圓的過程，就是不斷重複這個循環。

思考新方法的過程意外地有趣，而且會讓人變得積極，大家一定要試試看。

通往上億年收的成功之路 9

盡量把煩惱的時間減到零。

第3章

擁有上億年收的玩家，隨時都會保持好心情！

——成功者的「五大口頭禪」

成功者的口頭禪 01

「我想○○○○○○」

——誠實面對自己的欲望

年收入一億日圓的人，或是透過創業賺取數十億日圓的人，他們的「挑戰的原動力」是什麼呢？

至少我所見過的那些收入達到一億日圓的人，或是上市公司的企業經營者們，無論身邊的人如何看待他們，**他們始終都秉持著「挑戰精神」，勇往直前地走在自己堅信的道路上。**

不僅如此，**他們也會經常把自己的目標掛在嘴邊。**

套用最近備受關注的話題來說就是，他們都是「自我效能感高的人」。

提高自我效能感的方法，就是**喜歡自己的行動**。

另外還包括目標明確，且**誠實面對自己的欲望**等。

無論是哪個年齡層的人，大家都會問我同樣的問題：「我沒有信心能夠成為有錢人，請問我該怎麼做才好？」「請問成功的條件有哪些？」

可是，當我和這些人仔細聊過之後，發現他們對於賺錢這件事都懷有一種類似內疚的感覺。

「渴望金錢或是喜歡自我表現都是不好的」。各位當中應該也有大半以上的人都聽過這種說法吧。

日本人的自我肯定感低落，一般都認為是受到日本教育體系的影響。

令人遺憾的是，在日本，說出欲望這件事本身一直被視為是「不好」的事情，例如「我想賺錢」、「我想擴展公司規模」、「我想吃好吃的東西」、「我想開高級車」等。

近年來甚至有人將極簡主義這種禁欲的生活奉為理想。

然而，**促使成功者能夠持續挑戰的原動力，幾乎都是純粹的「欲望」**。

說實話，我的原動力也是單純來自「欲望」。

我自己是個誠實面對自我感覺的人，對於欲望也不例外。我想擁有成功的事業，為更多人帶來正面影響；我希望把自己的成功經驗整理成書，對社會貢獻一份力量。這種社交上的欲望和精神上的欲望當然是有的。

害怕跟別人不一樣

只要是人，任誰都會有像這樣的物欲、金錢欲或精神上的欲望。因為有欲望，人類才能夠進化至今。

年收入達到一億日圓的人，通常不會隱藏自己的欲望，反而還會運用欲望來大幅提升自己。

他們會誠實面對自己的欲望，不害怕跟別人不一樣。

在一代之間就累積到巨額財富的成功者，一開始都只是很單純地「想充分發揮自己的個性」。這股想法促使他們採取行動，甚至轉變成服務或設計，成為吸引人的魅力。

我在二十三歲的時候就從一人社長開始做起，而不是一般的社會人士。這一切也是起於「我想創立大型組織」和「我想賺更多錢」的「欲望」。

一開始的契機是在一次偶然的機會下，我出於好奇而去找了大家都說很靈驗的占卜師算命，對方說我適合率領組織或是團隊，而且一定會成功。不知不覺地，我就這麼相信而一路走到現在。

後來，二十年後當我真正獲得成功、達到年收入一億日圓之後，我在他人的介紹下再一次和那位占卜師見了面。

那時，已經滿頭白髮的他溫柔地笑著對我說：

「當年我給了你的最棒的建議，沒錯吧。畢竟我在人生諮詢這方面可是專家呢。」

結果，一個毫無社會經驗的年輕人，在對任何事物都一竅不通的情況下，只是單純相信一句正面的話，一邊想像著成功的樣子，一邊順從著自己的欲望持續行動，最後成功達到年收入一億日圓的目標。

當然，這過程中也遭遇過重大的挫折和困境。

但是如今回想起來，那些都是促使我成長、無可取代的經驗。

同樣地，**我所認識的年收入達到一億日圓的人，基本上全都是「順從欲望」、「積極且個性開朗」的人**，而且會毫不掩飾地展現欲望。

誠實面對欲望。無論遭遇任何不幸，都用正面的心態來面對。這種自我中心的態度才是最重要的。

通往上億年收的成功之路⑩

所有挫折或困境，都可以當成是對自己有利的經驗。

成功者的口頭禪 02

「這太有趣了！」

——人生的樂趣在於成長的過程

成功指的不只是結果，而是成功之前的所有過程。人生的樂趣就在於過程，只要能夠真心享受過程，無論挫折或失敗都不再可怕。

我的身邊也有幾個朋友，年紀輕輕就把公司賣掉，拿了數十億的巨額財富後直接退休。

這些人在獲得財富之後，都會選擇到泰國或是新加坡等國家過著居無定所的退休生活。但是，幾乎毫無例外地，在度過大約兩年無憂無慮的隱居生活之後，最後都會回到日本重新開創事業。

既然擁有了財富自由，沒有必要工作，那麼大可一輩子悠閒地生活。如果換作是各位的話，也許會這麼想吧。

但是，**整天悠悠哉哉，感受不到成長過程的樂趣，這樣的日子其實很快就會感到厭煩。**

堀江貴文曾經說過：「就算提早退休，也只是提前變癡呆而已。」這雖然是玩笑話，不過我認為從科學上來說確實有可能發生。

大腦隨時都在追求刺激。人之所以會一整天不停地瀏覽娛樂新聞或是查看手機訊息，就是因為在日常生活中，大腦會無意識地追求刺激。

如今我們的大腦已經習慣充滿刺激的環境，這時候若是生活突然變得什麼事都不用做，反而會覺得過於平淡而無趣，感覺就像被關進監牢一樣。

到最後，即使年紀輕輕就退休，之後還是會回到職場工作，因為大腦渴望刺激。

而且，所謂的刺激，往往是存在於過程中，而不是結果。這一點請務必牢記。

各位在回想過去的時候，比起開心的回憶，那些在痛苦中拚命努力、想辦法突破困境的經歷，印象總是比較深刻，不是嗎？

比起達到業績時的慶功宴或表揚大會，在那之前的過程，特別是被客戶罵、簡報前一天熬夜趕工、和上司或同事一起哭著開會或檢討等，這些成長的過程，印象應該更為深刻。

對結果感到喜悅，也是因為經歷了之前成長的過程。

假如什麼都不做，只要坐著就能獲得獎賞，相信應該感受不到任何一絲感動。所有的結果，都有前面的過程，那些過程才是人生最有意義的部分。

對於任何事情，最重要的是樂在其中的態度，而且最好還要保持能夠直接說出「這太有趣了！」的坦率。

通往上億年收的成功之路 11

享受在邁向成功的過程中所發生的「刺激」吧。

成功者的口頭禪 03

「這次的失敗總有一天會成為很好的經驗」

──「正面語言」會成為你的助力

如同前述，**必然會成功，或是年收入達到一億日圓的人，都是「❶誠實面對欲望」，「❷積極行動」，「❸能夠享受成功之前的過程」的人。**

想跟全世界做生意。

想同時擁有財富和名聲。

想要影響更多人。

將這些欲望轉換成能量，可以大幅提升行動力。

如果對坦率說出自己的欲望感到抗拒，將無法激發行動力或挑戰的精神。

語言是有力量的，最先聽到自己說的話的人，不是別人，而是你自己。因此，說正面的語言不是為了他人，而是為了你自己。

犯罪之類的欲望當然不被允許，但是**積極正面的欲望能夠為身邊的人帶來希望，變得更有活力**。如果大家都能勇於把挑戰說出口，從全世界來看本來就已經相當優渥的日本，將會不斷產生更多的成功者。

我之所以能夠實現年收入一億日圓的目標，就是因為其他人對於自己的欲望都過於消極。才在初步階段，我的競爭對手就已經少掉一半。

這個世界打從一開始就是不公平的。我不會說機會是平等的，不過，放棄行動的瞬間，就等於主動退出遊戲。

所以，請坦率說出自己的欲望。只有把這當成原動力去行動的人，最後才會成功。

我自己會用一種幽默的說法來稱呼這種現象，叫做**「言靈迴力鏢」**。

我也會把還不知道會不會實現的夢想和目標經常掛在嘴邊。透過說出口來刺激大腦分泌腎上腺素，讓自己產生幹勁，提高行動力。藉由大腦的想像，讓自己愈來愈接近自己所說的模樣。

除此之外，透過表達欲望，還能吸引支持自己的夥伴。

我一直相信語言的能量會自然產生引力，將成功所需要的物質吸引到自己身邊。這就是成功者的成功公式。在這個宇宙中，無論是銀河系、太陽系還是地球或月球，甚至是組成人類的最小單位基本粒子，都會透過旋轉產生引力，往能量強的方向被吸引過去。

在這個世界上，我們每個人都會被能量較強的方向所吸引，這就叫做引力。這股力量最明顯的例子之一，就是語言所帶來的能量。

可惜的是，像這樣「全部免費」的語言，卻沒有一個人願意去挑戰使用。大部分的人都會找理由而不去嘗試說出口。

為什麼會這樣呢？

建議大家可以稍作檢視，說不定問題就出在自己平常所使用的語言。

至少我所知道的擁有上億年收的人，他們絕對不會使用負面消極的說詞。而且是刻意不使用。

我自己也是一樣。遭遇失敗或挫折的時候，有時候也會不由自主地在腦海裡浮現負面的話語。

但即便如此，我還是會忍住不說出口。

「只要去做，沒有辦不到的事」、「總有一天會變成寶貴的經驗」、「就算失敗，只要把經驗運用在下一次就行了」。

可以說的就是這三句話。

失敗的時候一旦說了負面、消極的話，肯定也會用消極的態度看待下一次行動。

就算是對他人說的話也是一樣。我再強調一遍，最先聽到自己說的話的人，不是別人，正是你自己。這一點請務必牢記在心。

通往上億年收的成功之路⑫

回想自己今天說過的話，如果都是負面消極的話就要注意了！

成功者的口頭禪 04

「我要好好把握這次機會！」

──眼前的事件就像「十字或一字螺絲起子！」

隨著每個人的解釋不同，眼前的事情可以是正面，也可以是負面。

這一節要說明的就是成功者的「解釋力」。

我的公司每年都會為達到亮眼業績的員工舉辦表揚大會。

除了極少部分的天才以外，沒有人能夠不付出任何勞力就創造出業績等成果。

幾乎毫無例外地，所有人在突破困境之前，都必須克服無數的難關。

在這種時候，能夠做出成果的人都有一種共通的思維，就是不同於一般人的**「解釋力」**。

如何為身邊發生的事情賦予意義？

一旦決定了目標之後，人通常會有兩種不同的解釋，一種是「這是公司交付給我的目標，不是我自己想做的」。

另一種解釋是「這雖然是公司的目標，但是在這家公司工作是我自己的選擇。這不僅能促使自己成長，而且只要在過程中獲得學習，付出的努力終會回報到自己身上」。

後者這一類的員工成長速度會比較快，而且更容易被指派重要工作。到最後，他們會比其他人更容易當上主管率領團隊，或是年紀輕輕就獲得較高的收入。

我的公司不會挽留那些想出走獨自創業的員工。

因為從他們的身上我看見的是，**能夠把每一件事情都當成自己的事，用正面、積極的方式去理解和解釋的員工，會更懂得抓緊機會獨立，而且最後有很高的機率會成功。**

所謂人生的解釋力，就是能夠為身邊發生的事情、降臨的機會或與人的相遇，賦予「自我成長」意義的能力。

因此，**「哪一種解釋能夠促進自我成長？」**隨時保持這樣的思考非常重要。

解釋力的不同決定了一個人的將來
哼！
「這樣的內容根本不行」
二流的解釋
「這個人討厭我」
負面看待
一流的解釋
「這個人看好我」
正面看待

接下來讓我們稍微換個角度，用身邊的例子來說明吧。

我在我的YouTube頻道中，偶爾會教大家一些達到財富自由的金錢知識，或是提升職業生涯的方法。

最近，我介紹了我自己正在實踐的自學筆記技巧，以及早上時間的運用方法。

結果令我驚訝的是，竟然得到許多「那是因為是你，所以才辦得到」、「那是因為你是老闆，所以才有那個時間」之類的留言。

相反地，也有人留言：**「影片讓我得到了啟發，幫了我大忙」**、**「雖然無法做到跟你一樣，但我會努力去嘗試」**。

像這樣即使做了相同的輸入，解讀方式卻有兩種，一種認為自己辦不到，一種認為自己獲得了某些有助於成長的東西。

我自己會更願意和能夠做正面解讀、對成長有強烈欲望的後者分享知識。看到積極的反應，例如**「這個方法真好」**、**「我會努力讓它發揮實際的幫助」**、**「謝謝您」**等，當然會讓人想分享更多具體的建議。

讓解釋的共振力發揮更大的效果

若是認真考慮到人的成長，有時候就不得不做出嚴厲的回饋。

在這種時候，有些人會解釋為「自己又被罵了」，但也有人會認為「對方為了自己的成長才這麼說的」。

不論是哪一種解釋，對方的行為都是一樣的。

職場霸凌當然是不對的，但是有一點請記住：**即使周遭發生的事情沒有改變，但光是不同的解釋方式，就可以讓人產生正面或是負面的感受。**

甚至還會影響到對於機會的看法。就算是同樣的日常生活，也會隨著解釋方式不同而產生一百八十度大轉變。即使是在日本我們認為理所當然的事物，但是對於連水都難以取得的國家來說，卻是充滿幸福的環境。

從這個意義上來說，正向的解釋力可以說是提升行動力所必備的關鍵要素。

能夠對自己做出正面解釋的人，就算受到對方的批評，也會用正面的態度去接受，例如「他指出了我做得不夠好的地方」。這一類的人通常能將周遭發生的事情轉化為學習和成長的機會。一流的運動員在這方面的能力尤其突出。

相反地，習慣做出負面解釋的人不論聽到對方說什麼，都會用自己的方式轉換成負面的批評。

在這裡請大家要瞭解，你的解釋可能有助於提升自我肯定感，也可能使自我肯定感變得更加低落。除此之外，**如果可以的話，請盡量和擁有正向解釋力的人在一起。**

因為正向的解釋力會傳遞給身邊的人。

可惜的是，除了自己以外，我們無法控制任何的人事物。我們唯一能做的，就是盡可能地控制自己如何去解釋，藉此改變對周遭的看法，使其轉化為行動力。

那些必定能做出成果的人，或是達到上億年收的人，肯定都是能將發生的事情做正面解釋，並促使自己不斷成長的人。

通往上億年收的成功之路⑬

對於眼前發生的事情，如果不知道如何解釋，就用積極正面的態度去思考。

成功者的口頭禪 05

「遭遇一些困難剛剛好」

——樂觀的心態有時會讓事情更順利

並不是所有人都站在同樣的起跑線。

老實說，這個世界是不公平的。

只有人類才堅持一定要公平。

曼波魚的幼魚有百分之九十九點九會變成其他魚類的食物；兔子隨時隨地都是狐狸或老鷹捕捉的目標。

如果總是往上看，永遠都會覺得不夠，往下看也是同樣的道理。

日本現在是世界排名第三的經濟大國，生活安全，基本上都不需要為日常飲食煩惱。

但是放眼全世界，有些人連住的地方或職業都無法選擇。在內戰持續不斷的地方，孩子仍然每天上學。甚至有些人連當天的食物都沒有著落。

如果從擁有安全的生活和自由這兩點來看，我們也許比地球上百分之八十的人要來得幸福得多。

光是生在日本，我們從一開始已經擁有了這麼多優勢。

我不知道各位希望自己站在哪一條起跑線上，也許你只希望能夠站在最有利的起點，把其他一切都視為批評的對象。

但是，**有很多人是從你身後一百公尺，甚至是一公里的地方開始起跑。**

這時候你會怎麼做呢？直接放棄嗎？還是蹲在原地不動？

如果在這裡就認輸，那麼到頭來，人生的一切都不是你的行動和努力可以改變的，你只是「憑運氣」罷了。

假如你不是站在自己希望的起跑線上，那麼你唯一能做的，就是花更多時間去行動，以彌補那段差距。

想辦法找出能夠提前採取行動的方法，隨著你的努力和行動，隨時都能改變未來。

這也就是前面所說的「解釋」的差異。這世上能夠將逆境轉化為動力，進而實現夢想、獲得財富自由的大有人在。

你會認為「已經夠了」，還是會說「還沒還沒呢」？

為此，最重要的還是盡早踏出你的第一步。大家可以利用前面介紹過的欲望和好奇心來作為原動力。

將這股力量發揮到極限的成功者之一，就是「Diamond Dining」集團的松村厚久社長。

松村社長是日本最大餐飲集團的創辦人，公司在他的發展經營之下，成為東京證券交易所上市企業之一。

我和他見面的時候，他才剛公開自己罹患早發性帕金森氏症的事實。電視媒體都有相關報導，因此很多人都知道。

在他尚未公開消息之前，我就已經在某一場交流會上見過他。當時看到他無法自行站起來走路時，我就察覺到「似乎不太對勁」。

後來，他在公開自己生病的事實時所說的一番話，讓我印象十分深刻。

「經營一個擁有一千家分店、總資產上達一千億日圓的集團企業，如果每件事都輕而易舉，那就不好玩了。所以遇到罹患重病之類的困難或挑戰，也只是剛剛好。」

對於當時公司正因為員工陸續離職而面臨經營危機的我來說，他的這番話直接刺中我的心。

從常理來說，罹患重病是讓人感到沮喪而沉重的一件事。

但是，從松村社長的身上，我深刻體會到無論面臨任何困境，隨著解釋的方式不同，不只是自己，甚至能夠為身邊的人帶來勇氣。而我也從他的身上獲得了勇氣。

你會認為「已經夠了」，還是會說「還沒還沒呢」？

現在可能有很多人正面臨難以忍受的挫折，或是無法克服的困難。

但是，決定如何解釋這些事件的人，是你自己。

只有能夠踏出第一步的人，才能繼續踏出第二步。

對於未來可能遭遇的失敗，我會刻意不去思考。根據經驗，保持稍微樂觀的心態，反而會讓人生好轉。

請誠實面對自己的感受，勇往直前。

假設各位現在是餓肚子的狀態。肚子餓的時候如果想吃東西，當然會立刻行動，或是說「好餓」，對吧？誠實面對自己的好奇心和欲望，就是這個意思。

通往上億年收的成功之路 14

謹記前輩們將逆境轉化為正面思考的勇氣。

第4章

有錢人不管跌倒幾次都會重新站起來！

——打造出無敵心智的「極限突破術」

極限突破術 01

集中意識

——瞬間消除恐懼和迷惘的決斷技巧

人生如果一直在放空，將會轉眼即逝。

在各位當中，有些人應該是接下來即將要進入職場的畢業生，有些是剛踏入社會的年輕人，也有四、五十歲、正值壯年期的人。也許還有百歲以上的人瑞也說不定。

但是，**對每個人來說都毫無疑問的是，無論是誰，今天都是最年輕的一天，可以挑戰任何事物。**

如果要開始，趁年輕時風險比較低，就算經歷些許失敗，也能重新再開始。因為隨著更多的學習和失敗等經驗的累積，會使得下一次的挑戰更容易成功。

這也許不符合現在的時代潮流，但是我認為年輕時至少一次也好，為了眼前的工作或人生目標，就算犧牲睡眠全力衝刺也無妨。

將決斷、覺悟、行動聚焦在一起

擁有上億年收入的人，**至少都有過一次主動提高難度，讓自己專注在工作上的經驗。而且，幾乎可以說每一次都能超越自我極限，提升到下一個更高的境界。**

我認識一位創業將近二十年，所經營的化妝品公司年營業額上達百億日圓的女社長。

有一次我們一起用餐時，她聊到以前公司差點倒閉的經驗。她是個非常優秀的企業家，所以我打從心底感到十分驚訝。

那個時候，她因為壓力過大，導致體重不斷下降，身心俱疲。她心想這就是最後了，於是把手邊的銀行存摺和印鑑全部擺在桌上**（決斷）**。

「如果這裡的錢全都沒了，就再也沒有其他東西可以失去了。」不可思議的是，一想到這裡，她反而不再害怕（**覺悟**）。

於是，她把接下來該做的事情一一條列寫下來，然後開始行動。最後，她的努力有了代價，公司終於成功復活（**行動**）。

人生在感到迷惘的時候，行動和能量會無法聚焦在一起。就像放大鏡的原理一樣，當焦點集中，紙張才會因為熱量而燃燒。

想要擁有執行到底的能力，光是只有技巧是不夠的。大家別忘了還要讓「決斷、覺悟、行動」這三個要素聚焦在同一個目標上。

通往上億年收的成功之路 15

遭遇挫折的時候，就把手上所有的資源拿出來，思考自己能夠做些什麼，然後一一去執行。決斷、覺悟、行動三者缺一不可。

Column

克服倒閉危機的轉捩點

我人生中也曾經兩度為工作全心全意投入，甚至覺得「已經到極限」的地步。

一次是在我二十三歲的時候。

我從讀大學的時候就開始以個人經營的方式工作，也就是現在所謂的自由工作者。

當時我並不是以編劇的身分受雇於公司，而是自由遊走在電視台和電台之間，跟導播開會，為晨間的新聞節目寫稿子，或是整日埋首於發想綜藝節目的內容。

那時候所獲得的經驗和人脈，成為了如今我經營事業的基石。

而且，那也是我人生中工作最拚命的時期。

平均一個月只能回家兩三次，大部分的時間都窩在昏暗的編輯室裡，或是以電視台攝影棚外進出通道上放置的長椅當床直接睡覺。

那時候，日本電視台還位於東京麴町，電視台內部有個大型攝影棚，當時很受歡迎的電視節目像是《ＴＨＥ夜もヒッパレ》、《天才・たけしの元気が出るテレビ!!》等，都是在那裡錄製的。攝影棚外進出通道上的長椅，就是我最喜歡的地方。

由於藝人和電視台的工作人員有時也會使用，所以椅子用的是柔軟的材質，相當舒服。

有時候就這樣窩在長椅上睡到早上，然後再直接回到棚裡工作。二十幾歲的時候，一直都持續過著那樣的工作生活。

第二次經驗是在我二十七歲，和一位要好的朋友共同創立公司的時候。

當時真的是一切從零開始。在一間空無一物、只有兩坪半的小型辦公室開始了我們的事業。

我們從附近的量販店花了四千日圓買了一張桌子，還自己用鎚子組裝書櫃。就像電視劇裡的場景一樣，全部都是自己動手來。

即便如此，我現在還記得當時看到完工之後那小小的辦公室，內心滿是興奮和期待。然而，從那之後，我人生最辛苦的時期就此展開。

Column

不小心撞見創業夥伴在看求職網站

「二十七歲的年輕創業家」聽起來很不錯，但實際上我們幾乎沒有任何人脈，只能靠自己創造服務，靠自己跑業務，想辦法賺錢。

當初一開始我們運用之前在電視台當編劇的經驗，主要從事媒體行銷。

可是，二十七歲的年輕人說的話，根本不會有企業窗口願意認真聽，所以初期有將近三個月的時間，我們幾乎沒有拿到任何一毛薪水，存款餘額也在快速減少中。

不僅如此，後來還遭遇到更大的打擊。

有一天，我帶著空蕩蕩的業績、全身精疲力盡地回到公司，不小心撞見創業夥伴正在看求職網站。

當我推開門和對方對到眼時，瞬間一股尷尬的氣氛瀰漫在我們之間。

當下的打擊難以言喻，我整個人臉色蒼白，感覺全身力氣漸漸消失。

但是奇妙的是，我完全不生對方的氣。

反而萌生起一股罪惡感，因為公司沒有賺錢，害得唯一的同事兼好友被逼到這種地步。

我是公司老闆，必須為這樣的結果負起全部責任。就算找藉口，也完全改變不了現狀。

從那天起，我的想法有了改變。

我不再只是把夢想掛在嘴邊，而是針對**「❶無論任何事都要做到最後的決斷」、「❷專注在目標上並斷絕退路的覺悟」、「❸該做的行動」**三點徹底執行。

換個角度來說，正因為做到必要的決斷、覺悟和行動，最後我才終於成功克服困境。

下定決心，並且不斷累積行動

許多我所認識的企業大老闆們都表示，他們在克服困境的過程中，也會遇到類似的轉捩點。

Column

以我的例子來說，一開始我整天從早到晚不斷四處向人低頭，拜託大家給我工作，就算是再小的工作也好。有時候晚上製作網站，早上還要忙著整理隔天要用的提案資料。

透過不斷累積行動，我開始能看見客戶的需求和自己需要改善的地方。多虧了這些，公司的訂單愈來愈多，業績數字開始能看見成長，公司也終於步上軌道。

後來，我又繼續創造更多新的成績，然後憑這些成績去開發新的客戶。那是一種踏實而穩健的過程，就像把小小的積木一塊一塊不停地向上堆疊一樣。

簡單來說就是**不斷重複「創造實際成績→獲得全新知識→將知識轉化為具體成績→開發新客戶」的過程**。

就這樣，不知不覺五年的時間過去了，公司成功發展成年營業額上達三億日圓的規模。一家沒有庫存和中間利潤的顧問公司，年營業額三億日圓等於幾乎全是毛利，從這一點來看，相當於零售業或製造業十億年營業額的規模。

辦公室也從原本狹小的單人房，搬遷到汐留電通總部大廈前方的位置，還雇用了許多員工。

現在，我們所有員工團結一致，朝著讓公司上市的目標努力前進。

極限突破術 02

成長日記

——不輕易動搖的人會自己給自己打分數

努力工作，看看自己的極限可以到哪裡吧！只不過，長期拚命工作將會付出許多代價，就連身體也會被拖垮。

但是，**一旦成功突破極限，那段經驗就會轉變成「自信」**。

年收入超過一億日圓的人，對自己的極限肯定都十分清楚，因為他們都體驗過不只一次，而是兩、三次類似的經驗。

因為很清楚自己的最佳表現，所以就算失敗、被逼到絕境，內心依舊能夠保持餘裕。

因為他們知道在必要的時候，只要自己全力以赴，就能在短時間內發揮出最佳表現。只要自己能夠保持餘裕，無論面對困境或是挑戰，都能將其轉變成機會，帶領團隊一同突破。

過去的經驗會轉化成自信，有了這份自信，就能持續行動，同時也會成為相信自己團隊的原動力。

這樣的人往往十分強大，而且不輕易動搖。

「自我評價」勝過他人的評價

從無數次的難關中走過來的企業家，身上往往會散發著一股難以言喻的氣場。我想，這應該是因為他們擁有那股即使遭遇困難也沒有逃避地一路堅持走過來的自信，讓他們散發出如同重力般的沉穩。

明天的我們，比今天又老了一天。

這麼想來，人生真的一天都不能浪費。

沒有時間去煩惱，每天都應該全力以赴地活著。

自己是否有朝著夢想或目標認真地持續努力？看見機會時有沒有好好把握，提升自己的輸出？決斷、覺悟、行動是否確實聚焦在同一個目標上？

關於思考這些問題，我自己的方法就是透過**「寫日記」**。

我從二十歲開始就每天寫日記。

我把「一日一生」當成人生主題，時時抱著今天就是「人生最後一天」的想法，努力地活著。這就是我的人生準則。

每天的成長雖然微小到幾乎無法察覺，但是三個月、六個月、一年累積下來，將會帶來難以置信的巨大改變。

比起昨天或去年的自己，現在的自己有了哪些成長呢？

過去所累積下來的努力和時間，絕對不是背叛自己。

重新翻閱過去的日記會意外發現，自己和周遭的層次都在不斷提升。

而且，你自己的價值並不是由他人來決定，必須由你自己先決定自己的價值。因此，從今天開始，你也可以透過寫日記來進行自我評論。

透過寫日記對自己進行定點觀察，讓每天的成長具體化。

將經驗轉化成自信的方法

步驟 1：提升自我價值評價 → 步驟 2：提升他人的評價

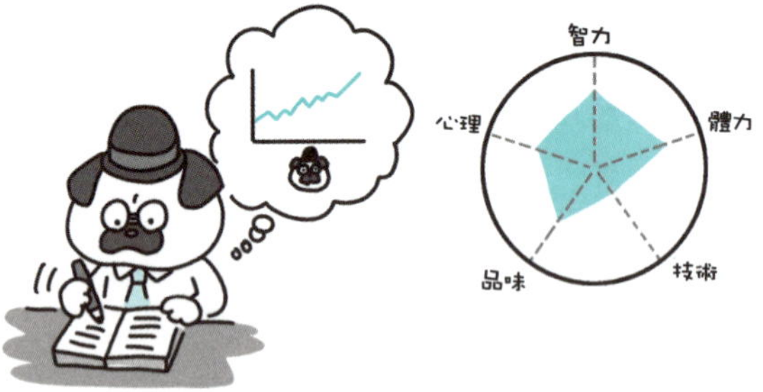

如果受雇於企業，他人的評價將會決定你的年收入和職涯發展。但即便如此，正確的順序還是應該要先有對自己的價值判斷，然後才是他人的評價標準。

因為**自我價值判斷低落的人，他人給予的評價絕對也不會太高**。

一旦下定決心要「獲得成功並賺取財富」，首先請先提升對自己的評價。

極限突破術 03

低聲肯定自己

一秒快速找回自信

面對成功的人，大家通常會開始說些「那個人跟大家不太一樣」、「那個人沒辦法和大家同調」之類的話。

這是很自然的現象，因為當身邊的人都停滯不前的時候，只有成功的人依舊持續成長。

沒有被說「不太一樣」的人，表示行動上的改變還不夠。

順帶一提，我的YouTube頻道現在幾乎每天都會收到對我誹謗中傷的留言。

但是即便如此，那又怎樣呢？愈是想依照自己喜歡的方式自由地生活，就愈難與他人同調。

一流的網球選手會跟自己喊話

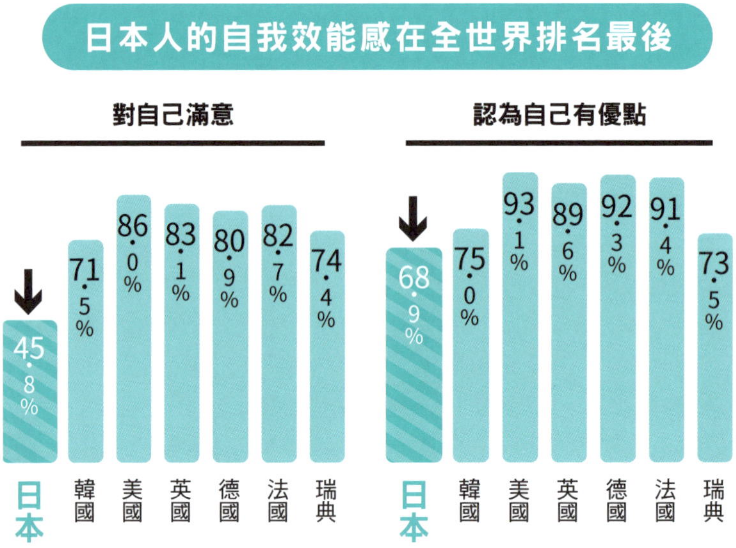

（出處）日本內閣府網站（2013年的調查）

這種時候能夠發揮作用的，就是對自己的「自我效能感」。

自我效能感高的人，即使遭受打擊，重新振作的速度也和一般人大不相同。

順帶一提，從上圖表中可以看出，日本人的自我效能感在全世界排名中敬陪末座。

提升自我效能感最快的方法有以下四個：

❶喜歡的事物就直接說「喜歡」。

❷在自己感興趣的領域中感受成長。

❸就算是微不足道的小事也好，盡可能地累積成功的體驗。

最後是之前已經介紹過的：

❹使用正向語言。

一流的網球選手在比賽時，一定會把自己的好表現說出來以進行確認。

我自己也是一樣，為了讓工作進行得更流暢，也會透過像是「好，沒問題」、「很好，進行得很順利」之類的話語來肯定或是激發自己的行動。

這麼做，只要短短一秒鐘就能找回自信。說真的，根本不需要參加什麼自我成長之類的講座。不過如果身旁還有別人的時候，記得壓低音量偷偷地說就好。

通往上億年收的成功之路⑰

感覺不太對勁的時候，就低聲告訴自己：「現在的我狀態超好！」

極限突破術
04

希望與絕望的二刀流

——意識到「學習是終生的事」時，人生便會開始好轉

如果你不喜歡現在的工作，對自己沒有自信的話，在抱怨環境和主管之前，請先試著做到以下兩件事：

首先是堅信**「在現在的過程的前方，有著自己真心想要的未來」**。

如果能夠從工作中獲得眾多學習並且持續成長，不僅能力可以獲得肯定，說不定還能被分發到自己想要的部門。工作經驗也許有利於將來換工作，或者，在和客戶的往來過程中，也許會遇到全新的機會。

不管任何時候，總是會有過程，而在那過程的前方，會有自己想要的結果。

就像鬼腳圖一樣，過程總是充滿了許多選擇。請想像一下這些選擇路徑。為了達到希望的目標，請帶著「我辦得到」的自我效能感去行動，並且想辦法讓自己享受在當

下。

另一點是改變想法，告訴自己**「能夠一邊領薪水一邊學習，是非常幸福的事」**。

「一旦你意識到學習是終生的事，你的人生很快就會好轉，而且變得豐富。」

這是我在大學院校進行講座或演講時，最後一定會送給學生們的一句話。

相反地，若是安於現狀，或是對現在的職場總是要求太多的話，很快地你會變成一個「不學習的人」。

沒有比被迫學習還要無趣的事情了。

大人的「重新學習」也是一樣。如果「學習＝被迫要做的事」，任何人都會感到退縮。

因此，重點就在於能否意識到自主學習的必要性。

想要持續做到「終生學習」，**還必須具備某種程度的危機意識。**要讓一個認為只要一直待在組織中就能安穩到老的人徹底改變想法，即便是我也很難辦得到。

利用恐懼來斬斷過去的榮光

有一位在台灣和銀座等地經營高級壽司店，從我二十歲時就一直很照顧我的大老闆，曾經說過這麼一句話：

「希望當然很重要，但只有希望是無法產生動力的，必須要同時具備『希望』和『恐懼』這兩具引擎才行，這才是最重要的。」

同時懷著希望和恐懼。

從那之後，我也開始使用這句話。

希望雖然重要，但如果缺乏危機意識，就無法保持緊張感。因此，有時候藉由對將來的真實恐懼來促使自己不斷前進、採取行動，這也很重要。

我以前在電視上看過一部紀錄片，內容是追蹤因泡沫經濟破滅而倒閉的日本長期信用銀行的後續發展。

日本長期信用銀行在大學應屆畢業生的求職人氣排行中，一直都是名列前茅。由於規模龐大，因此被認為是絕對不會倒閉的銀行。

在節目中，原本已經分散各地的員工們，重新聚集在一場猶如同學會的活動，活動中攝影機緊緊跟拍著。

這時候，過去曾擔任管理職的行員說了以下這番話，讓我印象深刻。

「在混亂當中，那些拚命努力地試圖告別過去、找到全新自我的人，後來有的運用過去的經驗成為企業重整的顧問，有的以禮儀講師的身分獨自創業，每個人都用自己的方式活躍在全新的領域中。相反地，那些直到最後還緊抓著銀行招牌和職位不放的人，至今仍然有很多人還深陷在痛苦當中。」

年收入達上億日圓的人，都很擅長分開使用希望和恐懼的心理。

他們絕不是只有懷抱希望的樂觀主義者。

而是會透過懷抱希望來激勵自己，並時刻警惕自己不要因為恐懼而緊抓著過去或曾有的榮光不放。

專為無法產生危機感的人所設計的「特效策略」

最近，日本上班族的年薪沒有增加已經成為一個問題。

確實，對比世界上的其他國家，日本上班族的年薪幾乎是停滯不前。另一方面，稅收卻不斷增加，因此實際的收入反而變少了。

如果只把這個問題歸咎於政府或是企業，這樣的做法不僅過於草率，也無法繼續討論下去。

我創業至今已經二十年，公司員工的年薪一直都在持續成長，甚至有二十幾歲的員工年薪就將近千萬日圓。

如果要說因為是創投公司的關係，那就沒什麼好說的了。但是，我認為這當中還是存在著很明顯的意識差異。

那就是**「危機意識」的不同**。

倘若各位沒有帶著危機意識去面對工作，說實話，你的年薪是不會持續成長的。

在年功序列制度已經徹底瓦解的現在，為什麼企業不提高員工的年薪呢？那是因為對公司來說，已經沒有員工離職的風險。

假如員工提出辭呈，被挖角到其他公司，這時候才會用職位和最能直接反映評價的年薪來挽留員工。

當然，員工也需要對公司做出貢獻。

也就是說，**不只是公司，員工也必須具備危機感和價值貢獻的意識**。

只會一味地要求公司，自己卻毫無成長，也沒有危機意識。平時抱怨個不停，但說到要辭職，最後還是賴著不走。

如果你是公司老闆，面對這種員工，你會想提高他的薪水嗎？不，你應該不會。

假如你已經感受到危機的話，我強烈建議你，從現在開始就把這股危機感轉化為行動。

通往上億年收的成功之路 ⑱

不要過度懷抱希望，要多和危機感做朋友。

第5章

跨越兩千萬年收的高牆！

——無論任何目標都能確實達成的「三大方法」

兩千萬年收的高牆 01

停留在小有錢	成為大富豪
＝	＝
一開始就設定崇高的目標	一開始只優先考慮自己的欲望

通往上億年收的成功之路⑲

「金錢的價值」在於它能讓你擁有更多的生活選擇權。

從之後的第6章開始，終於要說明成為億萬富豪的具體方法。不過在那之前，我想先利用這一章的內容，教大家判別自己是否具備「實現目標的能力」。

擁有上億年收的人，一般來說達成目標的能力都很強。接下來我會帶大家探尋其中的秘訣。缺乏這種能力的人，只會永遠停留在「小有錢」的階段。

請大家一定要跨越「兩千萬年收的高牆」，朝下一個階段邁進。

自己沒有成功，就沒辦法幫助任何人

環顧我自己身邊那些年收入超過一億日圓的人，他們也都曾經一度過度放縱，或是迷失在自己的地位或名聲中。

包括我自己也是。

驅使人努力的動力，說到底還是野心、欲望，以及對生存的渴望。

我反而覺得一開始就算是這樣也無妨。

沒有必要一開始就抱著「崇高的目標」。

過去曾經有一段時間，社會企業家成為一股流行趨勢。創業的目的在於為了社會和他人，而不是財富和自己。這是一種十分偉大的崇高志向和理念。

這種思維沒有錯，但實際上，沒有錢就無法持續下去，也沒辦法持續行動，為社會或他人做出貢獻。

自己沒有成功的話，就連靠自己長期撐下去都辦不到。

發生飛航事故或海難事故時，救人的第一原則就是「先確保自身安全」。如果優先考慮對方，最後可能會因為自己無法冷靜行動而危害到雙方的安全。

也就是說，**自己要先確實採取行動，並且做出成果。接下來才是設定遠大的目標。這個順序真的很重要。**

目標可以配合自己的成長不斷調整

不論是目標還是成果，都會隨著時間的推移不斷改變。我覺得這樣很好。

我自己一開始是想要賺錢和安定的生活，後來變成為了虛榮心和擴大公司規模，接著又變成為了員工和家人，目的一直在改變。

現在，我的目標規模又變得更大了，為了社會和日本，為了讓孩子們擁有光明的未來，我正在準備挑戰一項消除地區差距和教育差距的事業。這是十年前的我根本無法想像的變化。

當有能力賺到上億財富時，就會漸漸明白「光是變有錢是無法滿足的，因為幸福是有極限的」。

我身邊有許多成功的人都將公司賣掉，換取數十億的資產。他們每天晚上不論去哪裡喝酒，都有專車接送。

雖然擁有一輩子花用不盡的財富，但是他們有些人看起來總是心事重重，也有人家庭關係不睦。

錢的特性之一就是擁有的愈多，愈能感到安心，也就是「物質層面的安全感」。但是，由於人的欲望也會隨著年齡的增長而趨於平淡，因此在某個時候就會遭遇極限。

到了那個時候，你能如何改變方向，決定了你是否能一輩子都受到財神的眷顧。

有些人即使擁有上億資產，日常生活依舊不變。

事實上，一旦創造出某種程度的穩定收入來源，並且將其當成賺錢的方式，能夠為自己每個月賺取一定的財富時，接下來即使不工作，銀行帳戶裡的錢也只會不斷增加而不會變少。

因為比起事業的營運資金或生活費，入帳的金額遠遠多更多。

從這時候開始，會漸漸感受不到金錢的價值。

就算被問到「現在會花大筆錢做什麼」，除了事業以外，答案幾乎和平常沒什麼兩樣，也許是買家具或是電腦之類的東西。

因為這個時候，賺錢已經不再是什麼特別的事了。

無論是車子還是奢華名錶，一旦買了之後，除非是喜歡收集不必要的物品的人，否則幾年內根本不需要更換。

各位也是，就算現在想「照著自己的欲望賺錢」，但如果在前進的過程中不斷和自己對話，目標就會不斷改變。

總有一天，金錢會變成讓自己更自由的手段，賺錢不再是目的。

而是讓自己的人生充滿無限可能的手段。

因此，請放心地大聲說出：「我要賺錢！」

用「一發欲望」來給自己充電

真正的幸福，取決於擁有豐富的人生選擇。

這是我在某篇心理學論文中看到的句子。

在羅馬時代等奴隸制度還存在的時候，奴隸是沒有選擇權的，囚犯也是。沒有選擇權的人生，是看不見希望和幸福的。

如果一開始只會說些漂亮話，會愈來愈沒有賺錢的動力。任何動機都可以，例如「我想買奢侈品」、「我想要有異性緣」等，一開始請先聽從內心的欲望行動，朝著有錢人的階段一路往前衝。

賺大錢並不是壞事，只要沒有觸法或是造成別人的困擾，誠實面對自己的欲望也是為了活出自我所需的能量補充。

不是廣告裡的「一發加油！」，而是「一發欲望！」。

賺到錢之後如果發現「即使賺到錢也不會變幸福」，那麼這時候就是你行使自由選擇權的時候。請去尋找你真正的目標吧。

兩千萬年收的高牆 02

停留在小有錢

＝

試圖以一心多用的方式解決所有事情

成為大富豪

＝

專心一志為「最初的勝利」堅持到底

年收 1億

通往上億年收的成功之路 20

雖然失敗能帶來許多學習，但還是要優先考慮「先發制人」。

一心多用的技巧在以商管書為主的領域中蔚為風行。

但是，請大家仔細想想。就連看似同時拋接多顆小球的雜耍員，實際上他真正能夠操控的，只有手上的球，其餘的不過是把球拋到空中，眼睛追著球的軌跡跑而已。

那些必定會成功的人，通常都會從眾多選項或是工作中挑出必須專注處理的事情，然後「專心一志」地去處理。

擁有許多事業體的奇異公司（GE）雖然規模龐大，過去卻發生過偽造財務報表等醜聞，而且公司每年都呈現赤字。

這時候，傑克．威爾許（Jack Welch）以「專業經理人」的身分進入GE。他透過「選擇和專注」，從數百個事業體當中，選定數個今後值得投資的事業，集中投入公司的人力資源和資金。

當時他所做的許多裁員行動，以及可視為縮小公司規模的大膽判斷，讓他受到媒體的多方批評。可是，結果那些判斷都精準預測，讓GE獲得了絕地重生。

從眾多選項中挑出該做的事，然後全神貫注地去執行。這是專業經理人在重整陷入赤字的大型企業時，最先會採取的方法。

如果你想得到成果，只需要做一件事，就是**專注於該做的事情，並且做好自我控制，堅持到最後一刻**。

至少，如果你想透過做生意或是升遷等方式來達成目標，讓自己更接近上億年收的話，那麼專注在一點上全力突破的決斷將是不可或缺的要素。

一直賺不到錢的人，往往是因為還沒專注去做該做的事情之前，就早早放棄了。

相反地，成功的人從不輕言放棄。即使失敗，也會在失敗中不斷研究，堅持到底，直到獲得小小的成功體驗為止。

如果想要在事業上成功，關鍵就在於何時得手這第一個小小的成功體驗。

請保持專注，甚至就連玩樂和睡覺的時候，都要持續保持思考。

有人會說：「如果沒有設定撤退線，風險會很大。」

這一點我也不認同。

靠事業累積資產，本來就是一個存在著風險的行為。

進行投資的另一種說法叫做「風險開啟」（risk on）。也就是說，花時間或是拿錢出來投資＝風險。

如果要把這個風險降到幾乎等於零，方法就是不輕言放棄地持續堅持下去，直到成功為止。

當然，不能只是埋著頭拚命往前衝，必須透過學習，並且邊做邊修正，朝著目標前進。

初期的風險最大

「大夢想和目標的達成，取決於小行動的累積」

如同第1章所說的，擁有上億年收的人的共通點，就是不會成功的人覺得麻煩的

「小行動」，他們都會確實做到。

比起成果，如果能夠專注在過程中的每一步，那麼就算失敗了，也不會只得到沮喪的心情。下定決心要實現夢想或目標的人，面對過程中所有發生的事，都會當成成功的養分來看待。

尤其最重要的是，就算是靠運氣也好，都要盡快獲得「最初的成功」。

大家有讀過UNIQLO創辦人柳井正先生所寫的《一勝九敗》這本書嗎？這是一本很棒的書，但如果把裡頭的內容全部照單全收，將會非常危險。

「只要最後成功，就算經歷失敗也沒關係，不是嗎？」

對於我的說法，有人可能會這麼反駁。

堅持不放棄當然很重要，即使連續失敗九次，「只要最後大獲全勝而成功，結果好就好」。

但是，如果把這裡所說的一勝九敗，完全按照字面意思當真的話，將會忽略了成功最重要的原則。

也就是我一再強調的，對於「取得最初成功」的速度一定要徹底講究。

做生意也好，創業也好，「最初的失敗」都是風險最大的。在達到一定規模之後所經歷的失敗，在經驗和風險分散的平衡之下，會比較容易重振。

據我所知，**年收入超過一億日圓的人，無論是企業家還是投資家，都會聚焦在「最初的成功」，針對當時自己的行動徹底研究**。

像是剛剛提到的UNIQLO創辦人柳井正先生，若要說他當初創業時是否秉持著一勝九敗的精神，一開始就不停遭遇失敗，其實並不是這樣。如果真的接連失敗，早就面臨資金短缺，下屬也陸續離去，也許不會有今日的發展。

正因為是大企業，即使遭遇失敗，也有比較多的餘裕可以藉由撤出海外據點，或是嘗試推出新品牌、調整高層人事等方式來挽回。

大家所熟悉的「Japanet Takata」的前社長高田明先生，最初是從小鎮的照相館開始做起。

我因為工作的關係，曾經到「Japanet Takata」位於長崎縣佐世保的總公司拜訪過高田社長。那時候為了歡迎遠從東京而來的我，他還請我吃了「長崎強棒麵」。現在回想起來，那是一段非常美好的回憶。

高田社長表示，當初在創業初期，為了把公司擴大到全國規模，自己只能在隨時可能倒閉的有限預算中，咬著牙苦撐下去，包括他曾挨家挨戶地傾聽顧客的需求，也曾在如今電視購物的前身——廣播節目中推銷商品。

換句話說，**正因為是創業初期，所以他才如此全心全意地拚命奮鬥，無論如何都要取得最初的成功**。為此，他把所有的時間、精力和運氣，全部都投入在眼前的行動中。

從這個例子可以知道，一開始不要設定什麼撤退線，只要相信成功，堅持走下去就對了。

兩千萬年收的高牆

03

停留在小有錢

＝

只有行動，沒有檢討和改進

成為大富豪

＝

花時間進行分析

通往上億年收的成功之路㉑

每一個行動都必須搭配一次分析和兩次改善。

默默無聞的我經營YouTube頻道才一年半的時間，就累積到二十萬的訂閱人數。

現在看起來也許很成功，但實際上有好幾次我都幾乎快要放棄。如果一開始就抱著會失敗的想法，老實說，過程中早就因為受挫而放棄了。

很多人經營YouTube到最後都無法如預期般成功，其原因就在於這條路不僅孤獨，而且需要漫長時間才能看見成果。

以我來說，覺得終於看見成果是在「訂閱人數達到一千人」的時候。

各位也許會覺得「才一千人，有這麼誇張嗎」？但即使只有一千人，也花了我五個月的時間。相對地從那之後，訂閱人數就開始穩定成長。

其中秘訣我已經在「快速切入循環法」一節當中分享過了，這裡我再重新整理成以下的「四大成功關鍵」：

❶一開始只專注一件事。

❷從代表性的投資理財型YouTube頻道中整理、歸納出成功的必要條件。

❸在設定撤退的時間點之前，先持續行動。

❹以和行動相同的速度持續進行改善。

想要成功的話，第❷點「從之前的『案例』中整理出所有成功的必要條件」尤其重要。

已經成功的案例，就是最好的教科書。以YouTube來說，可以從中學習到各種成功法則，包括影片的架構、淺顯易懂的說話方式、吸引人的標題、內容的選擇等。

最重要的是，一開始就要有成功的決心，針對成功案例徹底研究並且模仿。有九成的成功者，都是從這裡開始的。

加快改善的速度

雖然說要模仿他人，但大量的改善和分析也是應該要做的。

大部分的人改善的次數都太少了。**在一開始的時候，每一個行動之後搭配一次分析**

和兩次改善，這樣的比例才算是剛好。

改善不需要花太多時間。

一邊行動，一邊把不順利的分析整理寫在筆記裡，等之後再回頭來看。也可以請教前輩，或是拿著筆記到書店找答案。

尤其是一邊行動一邊到書店尋找改善的靈感，效果特別好。這也是我自己常用的方法。另外，也可以用筆記的相關關鍵字上網搜尋，瀏覽熱門文章或是影片。同樣地，也可以透過參加專門針對某一個主題的講座來尋找改善的靈感。

像這樣從徹底分析的結果中找出兩三個改善方法，並將其轉化成行動去執行。這就是擁有上億年收的人都在做的PDCA循環。（計畫〔Plan〕、執行〔Do〕、查核〔Check〕、行動〔Act〕）。

我希望大家都能夠瞭解，**如果對於自己想知道什麼、想調查什麼，隨時都很清楚的話，那麼後續的改善就能變成實際的「改善行動」**。

成功的人對於自己想知道或想調查的事情非常清楚

有目的意識的人的解釋		沒有目的意識的人的解釋
為了成功所做的行動	**行動**	單純的自我滿足
為了成功所做的驗證 （書店、講座、網路搜尋）	**驗證**	只是沉浸在回憶裡的行為
為了成功所做的比較和行動	**改善**	看不到終點的輸入

假使目的和方向都很模糊，只會讓自己又回到只有輸入、卻沒有輸出的地獄。

乍看之下兩者沒有什麼不一樣，所投資的時間和活動量也相同，但是過程卻截然不同。

本章所介紹的「三大高牆」，其實是成為有錢人最重要的關鍵重點。建議大家可以反覆閱讀這些內容，直到能夠深入理解為止。

第6章

為什麼有錢人做事特別快？

——成為立刻行動之人的「七大習慣」

立即行動習慣養成術 01

1/100規劃

——成功的人絕對會做的微行動

如果你是遲遲無法付諸行動的人，請好好地重視微行動。

關於「一個一個慢慢累積」的重要性，在前面的內容中已經說明過了。

每一次的微行動，都要找出哪裡做得不好，然後針對那些問題去一一改善，繼續向前邁進。那麼，具體來說要做些什麼呢？

我自己實際在做、為了付諸行動的秘訣就是「**1/100規劃**」。

總是找不到著手點而無法採取行動的人，建議可以試著將行動分解成一百個微行動。

面對龐大的計畫時，有時候會因為過程看不到盡頭而感到迷惘，或是因為不知從何著手而停止行動。

「1／100規劃」的示意圖

■ **將龐大的任務分割成100份**（未滿100也OK）

切
切

⬇

■ **決定今天要做的「行動」**

今天只要做這些
今天工作量
因為很清楚當天要做什麼，專注力暴增！

這種時候，我希望大家可以特別留意的是，可以將計畫拆解成一個個1／100的著手點，並且思考達成目標的階段性目標。

首先，要先找出第一個行動的著手點。還要能夠想像自己一步一步邁向目標。這兩點尤其重要。

當然，我的意思並不是要你「把整個計畫全部分解成一百個微行動」。主要是透過這樣的意識，先找出每天可以做的重點，並且盡全力去執行。

視任務的規模，分解成二十個或三十個微行動都可以。

只要能夠開始行動，每個人多少都會有所成長。

一旦有了成長，相同的時間，能做的事情就變多了（我認為這才能真正的提升生產力）。

透過「1／100規劃」的方法，就能像玩遊戲一樣去享受成長的感覺。請務必記住這種感覺。

快速提升專注力的技巧

我再舉一個「1／100規劃」的好處吧。

那就是，透過這種方法，**任何人都能快速提升專注力。**

如果想要迅速提升專注力，就必須聚焦在當下這一刻。

但是，大部分的人只會在年底年初的時候立定一整年的目標。

當然，若要從整體的方向來思考人生的話，一年的開始是最好的時機。

然而，長期目標雖然會成為人生的羅針盤，為人指引方向，但缺點之一就是會讓人覺得還有很多時間，所以把今天這一天給忽略了。

與其這樣，**不如徹底專注在今天這一天。**大家可以試著想想今天能發揮出多少可能性。

這些每一天的累積，長期下來將會帶領你達成目標。

「❶專注在一天當中，而不是長期的時間」，「❷每一天徹底做好目標管理」。靠著這兩點，專注力就能大幅提升。

事實上，從腦科學的角度來說，當達成一項目標時，大腦就會分泌被稱為「目標達成荷爾蒙」的多巴胺，讓人在動力消失之前進入下一個行動。

因此，首先請先做好「1／100規劃」。

最快的方法，就是決定今天一天的目標。

一旦設定好今天的目標，例如「完成業務資料」和「進行電話行銷」，若是腦海裡能清楚浮現完成目標的自己，將有助於大幅提升成功率。

這個時候，**可以試著設定「❶目標數字」，以及「❷『開始』和『完成』的期限」兩個行動計畫。**

「這份業務資料今天要完成二十頁」，「中午前完成，下午三點之前拿給主管確認」，「傍晚五點下班之前完成全部頁數的修正」。

如果能夠像這樣知道要從哪裡著手，並且做好「❶數字」和「❷期限」的規劃的話，行動力將會大幅提升。

最新腦科學研究揭示了「幹勁的結構」

事實上，以上所說的這些內容，都是經過科學證實有效的事實。最新的腦科學研究證實，腦神經的能量是受到前額葉皮質所控制。而前額葉皮質會根據過去的經驗，單憑想像來判斷自己「辦得到」或「辦不到」。

舉例來說，做伏地挺身的時候，就算自己覺得「不行了！」「撐不下去了！」，但這時如果一旁的教練告訴你：**「再一下就三十了！」**用這種讓人容易想像數值和目標的方式對你說話，是不是會莫名地就有幹勁了呢？

同樣的例子，如果教練說：「只要再做一百次，就達到一萬下的目標了！」這時應該會覺得全身的力氣彷彿一下子全部被抽走，整個人癱軟無力。

結果可能就放棄訓練了。

只要再一次。光是聽到這樣的提示，就會讓人產生「真的嗎？那再撐一下好了」的幹勁，人的大腦實在太神奇了。

比起「遙遠的目標」，人對於「再稍微努力就能達成的數字」和「目標」的想像，更能激發能量，讓行動得以持續下去。

通往上億年收的成功之路 22

一小步一小步地不斷累積，讓幹勁源源不絕。

立即行動習慣養成術 02

稱讚的效果

——利用「勞動興奮」提升專注力

腦神經的幹勁和血流，跟名為多巴胺的神經傳導物質有很大的關係。可惜的是，兩者之間的運作機制過去一直是個謎。

行動和快感能激發幹勁

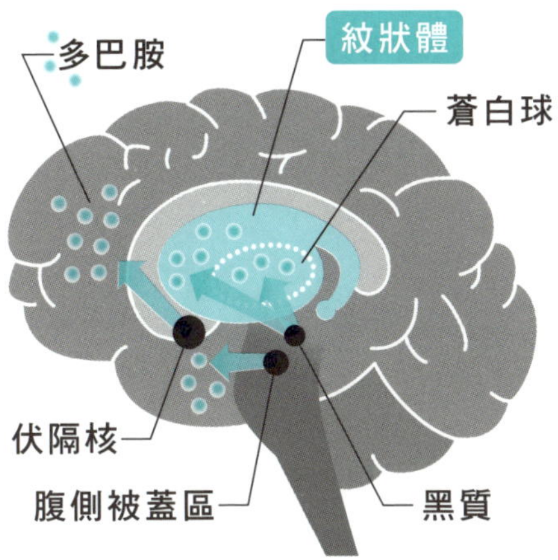

可是最近，日本藤田醫科大學的研究團隊在一個針對大腦伏隔核的實驗當中，發現腦神經細胞在多巴胺的刺激之下會變得活躍，進而促使「行動」產生。

如果想要善用這個大腦的酬賞系統（reward system），**必須經常給自己一些「稱讚」，讓大腦隨時都能感受到成就感或興奮感等心跳加速的感覺。**

大家應該都有這種經驗吧，雖然一開始覺得「麻煩」而不想動，可是稍微嘗試去做之後，就會有動力繼續做下去。

有趣的是，如果完全不動，人的大腦就完全提不起勁。

什麼事都不做，只是盯著行事曆上的計畫就想激發幹勁，這實在不太可能。

相反地，找到一開始的著手點並稍微動起來之後，大腦就會受到手腳活動和視野的刺激。這時候，腦中的伏隔核會開始產生作用，分泌一種叫做乙醯膽鹼的神經傳導物質。

乙醯膽鹼具有使人變得積極、提升專注力的作用。以結果來說，一點小行動，就能喚醒大腦的幹勁。

在腦科學上把這種現象稱為「勞動興奮」。

前面介紹過的「一秒法則」和「１／１００規劃」，其實都只是運用了這種方法。

換言之，「利用行事曆把時間分割成小段」、「直到幹勁產生之前，先安排進度」

之類的想法，完全是搞錯順序。

凡事都要先想好怎麼開始，而且更重要的是降低開始的困難度。

愈是在提不起勁的時候，不妨可以嘗試透過把行動分解成微行動來引發勞動興奮，或是運用前面內容中所介紹的「一秒法則」。

所謂「專注」就是一種捨棄

專注也是一樣的道理。

日文的專注寫作「集中」，如同字面所示，就是把散落的碎片集中在一起的意思。我認為專注就是將模糊不清、散落的碎片，集中到一處。

同樣地，所謂的專注力，就是決定該做的行動，並且捨棄其他不相關的事物。

「先來念一下英文吧」，「暫時沒有什麼事要做，那就先來打電話給客戶吧」。就算這麼做，也無法達到專注的效果。

與其如此，不如設定明確的目標，例如「今天要念完十頁」或「今天要聯絡五十個客戶，並且爭取到三個面談的機會」，**清楚知道自己「❶該採取什麼行動」，「❷要完成的任務」，這才是最好的做法。**

所謂的專注狀態，包含了❶和❷兩者。

這一點很重要，所以我要再強調一次。這時候要做的，就是選定具體且明確的「專注對象」，並且將其他以外的事物果斷地全部拋在腦後。

年收入高、工作能力強且表現出色的人，通常都很清楚知道哪些事情「應該專注」，哪些事情「不需要專注」。

正因為如此，所以他們不僅能夠長時間保持專注，而且工作效率也很好。

通往上億年收的成功之路 ㉓

經常讓大腦體驗成就感的滋味。

立即行動習慣養成術 03

想像結束的樣子

——開始工作前先想像「一天結束的樣子」

這一節要介紹的是我自己實際用來提升「專注力」，而且任何人都做得到的方法。

首先是**在早上一起床時，先想像「今天結束時的樣子」**。

具體的做法是，在每天睡覺前回想當天發生的一切，並且在筆記本中寫下針對當天的反省。

順帶一提，我從二十歲開始就會用方格筆記本每天寫日記，直到現在已經二十年了。日記的內容主要是記錄反省和需要改善的地方。

這讓我**每天早上一起床，很自然地會開始想像一天結束時的樣子**。

「○○沒做完，應該是事前準備不足」、「在YouTube上應該那樣說才對，下次要多注意」等，我會先想像今天要在日記本上寫下什麼樣的內容，接著才行動，
也就是說，我現在已經能夠從一天的結束倒推回來思考自己的行動。我認為這是每個人都辦得到的終極倒推思考。
如果覺得每天做很麻煩，一個星期做一次也行（建議還是要每天做，如果你真心想成功的話）。
與其只是漫無目的地工作，如果可以明確地知道「這麼做是因為我要用這種方式來結束這個星期」，將會有助於提升大腦的工作效率，而且能夠保持專注地朝著目標邁進。

通往上億年收的成功之路 24

遭遇挫折的時候，就把手上所有的資源拿出來，思考自己能夠做些什麼，然後一一去執行。決斷、覺悟、行動三者缺一不可。

立即行動習慣養成術 04

誘惑的結界

——小心打斷專注的「惡魔的咖啡時間」

專注的時候，別把手機或雜誌等會**妨礙專注力的東西放在拿得到的地方。這一點也很重要**。

另外，還有一點也要注意的就是喝咖啡的休息時間。

各位也許會問：「連咖啡也不能自由地喝嗎？」

這麼說雖然很嚴格，但如果把嗜好品看得比工作的專注力還重要，絕對無法成為年收入一億日圓的成功者。

所謂的專注力，指的是全神貫注在眼前的事情上，並且拋開其他一切事物。只有在這段時間內，由於選擇了專注，即便是微不足道的小事，也要把其他事物全部排除。這一點在前面內容中已經說明過了。

舉例來說，**研究發現，光是手機應用程式發出「叮咚」的訊息通知聲，就會讓人的專注力下降九成。**

這時候想再恢復到原本的狀態，必須要花三十分鐘以上才行。或者，也有可能因為其他的誘惑而導致作業直接被中斷。

只是一件其他的事情或是誘惑，但如果換算到整個人生來看，將會造成多大的損失呢？

在這裡我要強調的是，如果真的口渴的話，想喝咖啡當然也行。

但如果不是，就應該以專注為優先。

咖啡隨時要喝都可以，但是人一天能夠專注的時間是有限的。

休息或是開會的時候，要喝多少都沒問題。甚至如果沒有人阻止的話，應該會喝到飽吧。

也就是說，大家應該自我檢視一下，刻意打斷專注力的做法，是不是因為對自己太寬鬆了。

決定成敗的關鍵九十分鐘

我每天早上五點半起床之後，會先花九十分鐘看書或是寫論文。在這九十分鐘的時間內，我會以眼前的稿子為優先，而不是為了喝咖啡而離開座位。

這是因為早上我是個投資家，下午是企業家，傍晚之後則是個YouTuber。對於這樣的我而言，要另外找出時間來寫稿相當困難。

各位也是一樣。

甚至對一般的上班族來說，一天中能專注的時間更有限。明明有想達成的目標，卻沒有時間去做。這對人生造成的損失是無法想像的。

但是，很多人卻不知道這一點，於是在本來應該更加專注的時間，不停地起身離開座位，只是為了喝一杯平常習慣的咖啡。

比起其他任何「時間」，全神貫注的一小時，是能夠創造出黃金般價值的時間。就連用來喝東西或是起身閒聊，都應該要覺得浪費。

在人生的黃金時間，就算不特地起身喝咖啡也不會死。等到黃金時間結束，再盡情地喝就好了。

也許會有人覺得這樣有點太過嚴格，但這本書要教你的是「如何成為年收入一億日圓的成功者」，如果從這個角度來思考，當別人在休息的時候，你選擇做什麼，這就很重要了。

決定好的事情，就要全神貫注地去執行。

這些專注的時光所累積下來的成果，正是你未來的樣子。

通往上億年收的成功之路 25

面對重要的任務時，要全神貫注在眼前的事情，連座位都不要離開。

立即行動習慣養成術 05

體貼的領導風格

——能幹的領導者會理解對方的痛苦

在各位當中，應該也有人是組織裡的領導角色吧。

要做到整合組織或是團隊，以迅速推動大型工作，必須要具備領導能力。

為了避免大家誤解，我要先說的是：你不需要當個強大的領導者。

我所知道的那些擁有上億年收的成功者，每個人都是擁有體貼能力的領導者。

各位如果想和夥伴組成團隊，或是雇用員工來建立組織，成為團隊擁有者的話，有一點請千萬要記住。

那就是**「感恩的心」**。

千萬不要覺得「這不是理所當然的嗎？」。

身為領導者一旦自負，很容易就會陷入一種覺得自己無所不能、支配一切的「全能感」。

全能感是一種很麻煩的東西，一旦有這種感覺，不僅人格會改變，還會看不起他人。我就見過好幾個因為這樣跌入谷底的企業家朋友和投資家。

原本對學習充滿熱忱的年輕企業家，卻突然停止學習。白天在公司痛罵下屬，晚上在司機的接送下，毫不避諱地出現在銀座的高級俱樂部裡喝酒。

具備自我效能感是非常棒的一件事，但是這裡所說的全能感，意思跟自我效能感有點不太一樣。

如果把成功的經驗全部當成自己的功勞，以為可以隨心所欲地控制一切，那就大錯特錯了。

一旦說話變得跟獨裁國家的獨裁者一樣，身邊的人就會漸漸離去，而運氣是人帶來的。到最後，連信用都會失去。

「關懷，關注，關心」

能夠穩定賺取高收入的人，絕對不會忘記感謝身邊的人。

以前我曾經和Nexyz的近藤太香巳社長一起吃過相撲火鍋，因而和他變得親近。他在當時可是最年輕的東證一部上市企業老闆。他曾經針對人與人之間的溝通說過這麼一句話：

「能夠對部下和身邊的人做到關懷、關注和關心的人，才能算是一流。」

這句話直到現在還是我面對人際關係的基本態度。

這麼說可能會傷害到對方。

這種態度可能會讓部下感到害怕。

只有這一點絕對不能拿來開玩笑。

尤其**領導者都應該要具備的是「敏感度」。也可以說是「感受、理解」對方痛苦的能力。**

當然，既然是領導者，有時候也必須成為阻礙，擋住部下的退路，或是厲聲斥責對方。

即使是平時被認為個性溫和的我，有時候也會對員工採取嚴厲的態度。如果要罵人，就必須用真心為對方著想的態度來罵。

如果是期待對方成長的發言，嚴厲中也應該包含對對方的堅定信念。

成為領導者之後一定要學習心理學

曾經有一段時間，我的公司有很多員工同時提出辭呈。

我也曾經苦惱不知道該如何對待下屬，也想過是不是應該盡量避免罵人才好。

但是，現在的我不一樣了。

至少在我的行事曆上寫著這麼一句和員工溝通的基本原則：

「對於員工的成長，絕不放棄；對於給予員工影響，絕不猶豫。」

如果不期待對方有所成長，那麼只會時常因為對方的反應感到困擾，或是擔心對方會不會辭職。

自以為是的嚴厲，和為對方著想的嚴厲，兩者完全不同。

自從二十七歲創業以來，我之所以能夠作為經營者走過這二十年，全都多虧了有員工和工讀生。

如果沒有夥伴，就不可能成為什麼領導者。因為有對方，自己才得以存在。

請千萬不要忘記時刻懷有感恩的心，因為它是那麼地理所當然，所以反而更容易忘記。

另外，如果想從對方的表情、動作或是話語間精準地察覺情緒的變化，與其讀人際關係或領導能力的書，不如去學習心理學。

雖然對象是部下，但最終還是人與人之間的溝通，因此尊重對方的心情，傾聽對方並給予指示，就變得非常重要。

通往上億年收的成功之路 26

隨時保持謙虛。責罵的時候要為對方著想。

立即行動習慣養成術 06

衝動型動力

——不靠酬賞系統來引發行動，而是為大腦呈現愉悅的畫面

對於部下或是團隊的成員，只要給予佣金作為報酬就行了。

很多領導者都會這麼想。但是，如果只是這樣，總有一天團隊內部會出現失衡的情況，不公平的情緒在團員之間不斷萌生，甚至開始互相扯後腿。景氣好的時候還好，但是當景氣不好的時候，整個團隊就會出現裂痕。

原因很清楚，就是因為只用金錢和地位來作為溝通。

對於組織裡的重要成員，一定要為他們展示未來的願景，包括為什麼要在這家公司工作、公司事業或團隊的未來目標是什麼、這些能否為自己帶來成長等。

當然，就算不是什麼宏大的願景也沒關係。

例如，如果是只有幾名員工的花店，也許是希望成為一家透過花束將心意傳達給重要對象的花店；如果是小吃店，也許是希望成為守護地方笑容和食安的團隊。身為老闆，一定都有自己想達成的夢想，或是對團隊成員抱持的期待。

描繪幾年後的願景，為了實現這個願景，可以怎麼做來讓顧客開心；想要如何改變地方或是全國。透過把這些想法說出來，可以讓團隊產生堅實的根基，你的熱忱也會感染給團隊中的每個人。

最重要的是，**說出來之後，對於你自己的行動力也會有提升的作用。**

將願景寫在紙上呈現

即使不以成為領導者為目標，也要**把自己的目標或願景寫在紙上，並且跟身邊的人分享**。

不必覺得害羞，因為對對方來說，一定會覺得你直率而充滿魅力。

各位有聽過**「制服效應」**這種心理作用嗎？改變外觀或說話方式之後，人就會跟著做出相符的個性表現和行動。

從腦科學的角度來看，這種狀態是因為大腦接收到外觀和行動，於是便發出指令試圖使其變成事實所致。這也是為什麼當你愈接近自己的想像時，就會開始感到「心情愉悅」的原因。

說是「欺騙大腦」也許誇張了點，但的確可以產生預期的效果。

知名的「史丹佛監獄實驗」就是類似的案例。

這個實驗將受試者分成獄警和囚犯兩組，觀察各自的行為表現。

不過，這個實驗才進行沒幾天就中止了，因為扮演獄警的受試者態度逐漸變得傲慢且具攻擊性，甚至出現對囚犯施暴的行為。

由此可知，人類的大腦會根據自己的想像改寫程式，而且無論好壞，都會試圖將這虛構的想像變成現實。

利用這種大腦的運作，使其轉變成正向行動，就是所謂的利用「衝動」的方法。我稱之為**「衝動型動力」**。

一旦自己的言行或外貌改變，大腦就會自動想辦法讓自己變成與其相符的樣子。它會針對內心的不協調感，以及與外貌之間的差距，試圖做彌補。

然而，**為此你必須堅信「那個想像才是真實而令人愉悅的」**。

舉例來說，如果想成為年收入一億日圓的成功者，你可以把計畫寫在紙上，並且用五感去想像達成目標後的自己。

如果覺得一億日圓過於龐大，會不好意思的話，可以暫時先不管金額，把自己年收入達到一千萬日圓之後的樣子，或是擁有自己的店等創業成功或是對於目標的想像寫下來。

像我的話，以前也曾經預想過自己擁有上億年收，也曾在腦中描繪過那些根本沒打算要買的高級公寓或高級家具。

當我覺得擁有那些的自己是愉悅的，大腦就會產生一股想要成為符合那樣的人的「錯覺」，於是在「衝動」的驅使下開始行動。

無法立即行動的人，不妨就試著利用這種衝動吧。

通往上億年收的成功之路 27

試著畫出理想的自己。

立即行動習慣養成術

07

真實的力量

——將發自內心的衝動能量轉變成行動

如果想提升發自內心的衝動能量，可以實際去看看想要的東西，或是渴望親眼見到的風景，或是直接去見自己尊敬的人。

我身邊那些年收入達到一億日圓的人，有九成都會把自己的目標或夢想寫在紙上，或是把將來成功之後想買的豪宅、想去旅行的地方的風景，或是想變成跟對方一樣的企業家的照片等，貼在自己隨時看得到的地方。

活躍於美國大聯盟的大谷翔平，以及前日本國家足球隊的中村俊輔等頂尖的運動員們，也是從小就用這種方法來激發衝動，最後成為運動界的巨星。

事實上，我在二十七歲的時候曾因為工作的關係，有機會參觀了一間數億圓豪宅的樣品屋。

我還記得當時自己原本不太想去。只不過，這麼一個不經意的事件，毫不誇張地竟然徹底改變了我的人生。

大家有參觀過價值數億日圓的樣品屋嗎？

佔地十五坪的客廳就別說了，最讓我震驚的是屋子一進來的地方，光是鋪滿大理石的玄關，就跟我當時住的公寓一樣大了。

還有跟電影裡一樣的衣帽間。客廳正前方的牆上還掛著撒著金粉、充滿震撼力的一幅畫作。

再往裡頭走是飯廳。有室內設計師精心搭配的高級家具，大理石紋的餐桌上優雅地擺著銀製食器。

當時，我感覺腦袋彷彿被重重一擊。

眼前的景象，直到現在我還忘不了。那不是電影，現實中真的有這種世界。

當時所感受到的衝動，一直驅使著我持續向前邁進。

裝上翅膀，成為立即行動的人吧

我深深覺得，必然會成功的人，或是年收入達到一億日圓的人，都是能夠無限發揮自己的可能性，而且行動迅速的人。

前面介紹了幾個快速行動的習慣，但可惜的是，大部分的人聽到這些都會覺得只是老生常談的內容，不會實際去做。

相對地，年收入一億日圓的人只要聽說有什麼方法很有用，就會立刻去嘗試。

除了衝動的力量以外，**如果想要成功，還必須重視這種為了成功，即便是再小的事情也願意去嘗試的「靈活行動力」。**

關鍵就在於當有人說「把目標和想賺取一億日圓的原因一起寫下來」時，你能不能立即採取行動。

這種靈活的行動力，就是能夠把衝動轉化成動力的人和一般人的差異。

當然，我的行事曆上也貼著我的人生目標和對待員工的態度，以及我視為理想目標的人物照片。

如果你總是無法付諸行動，那麼請一定要試著掌握衝動的力量。這將會成為你改變的第一步。

通往上億年收的成功之路 28

現在就立刻實踐本章所介紹的「通往上億年收的成功之路」。

Column

擁有上億年收的人的輸入技巧

截至目前為止，我一直在強調輸出的重要性。但是，其實輸入也不應該被忽略。

我每天早上會利用五點到六點這一個小時的時間，瀏覽各大新聞媒體或是報紙以收集各種資訊。**最好盡可能把早上的輸入作業當成每天的例行公事來進行。**

以我來說，會先上《日經新聞》的網站，挑選感興趣的報導快速瀏覽。關於業界的最新情報和商業資訊，我最常看的是「NewsPicks」和「DIAMOND SIGNAL」。

最近因為太忙，看書的時間大幅減少，不過由於以前幾乎是每兩天看完一本書，所以藉此掌握了閱讀的節奏。

Column

那個時候所累積下來的資料庫，對於無論是資訊的篩選，還是作為企業家或投資家在做決斷或狀況判斷時，都提供了非常大的幫助。

到頭來，無論是做決斷還是判斷，都是從過去的經驗或輸入所建立的資料庫中，選擇出準確率最有可能成功的選項。從這個角度來說，輸入的資訊量就決定了決策的精準度。

不過，這裡有一點希望大家不要誤會，也就是**「❶行動本身也是一種輸入」，「❷輸入若是無法轉化為行動，那就毫無意義」**。

尤其「❶行動本身也是一種輸入」非常重要。

如果能夠做到一邊行動、一邊進行驗證和改善，那麼輸入的量自然會不斷增加。

若是以行動為重心去進行輸入，就能夠預設下一步行動來收集資訊。新的學習也就能不斷轉換成行動。

精通技術卻無法成功的理由

光靠輸入是無法賺錢的。

對年收入達到一億日圓的人來說，輸入只是「行動的燃料」。換言之，只有輸入而沒有行動，是沒辦法成為主角的。

常有人會問我：「要賺到上億日圓，最重要的事情是什麼？」

答案當然是行動。**所謂賺錢的技術，指的就是把資訊和知識轉換成行動。**

即便知道，但如果不試著去做，就不可能成功。到頭來，能夠賺到一億日圓的人，差別就在這裡。

就算擁有別人不知道的寶貴知識，但如果害怕失敗而無法採取行動，一切就毫無意義。

會採取行動，努力抓住成功的人，實際上只有一成左右。一百人當中只有十人。而能夠透過專注在同一目標上的決斷、覺悟和行動，堅持到最後的

Column

人，則會更進一步減少到只剩一成的人。也就是說，一百人當中只有一人。

很遺憾地，這就是真實的數字。

光聽到這些，也許會覺得成功是一件效率非常差，像買彩券一樣只能憑運氣的事。

但是，一百人中有一人能夠成功的意思就是，一千人中會有十人，一萬人的話就有一百人可能透過行動獲得成功。

成功的基準也是因人而異。這本書雖然在我的無理要求之下，取了個「年收入一億日圓」的書名，但即使只有一半五千萬日圓，也算得上是成功者。成功的機率簡單來算也是兩倍。

那麼，如果是三千萬呢？

反過來說，大部分的人都無法做出決斷，也沒辦法專注在一個目標上全力以赴、持續行動。那麼，只要你做該做的事，成功的機率就會提高。

擁有過多的技術或知識，反而會變得綁手綁腳、無法付諸行動。

不擅長或是需要花時間學習的技術，只要去請教已經擁有該技術的人，或是用互補弱點的方式，交給夥伴或是員工去負責就好。

千萬不要等到全部都學會了再開始。那樣的話，人生重來幾次都不夠用，而且競爭對手也可能早一步把你的想法付諸行動。

我當初創立公司的時候，既不懂得經營技巧，也沒有廣告圈的人脈，什麼都沒有。

如今的一切是我花了二十年的時間，透過行動跟上腳步所得到的成果。就像雪人滾下坡道會愈變愈大一樣，必要的技術和資訊都會隨著時間慢慢累積。

面對弱點，只要一一去克服就行了

Column

一手創立京瓷集團的稻盛和夫先生曾經這麼說過：

「所謂人生，不過是每一個『今天』的累積，『現在』的連續。」

「要努力到連神明都忍不住想出手幫你為止。」

從京都一家小工廠做起的稻盛和夫先生，面對客戶的無理要求，他總是心懷感恩地接受，而且每一次都會加入自己的巧思和改進，使得自創品牌「精密陶瓷」日益壯大。

我從二十三歲開始投資股票，一切也都是自學而來。後來之所以能夠光靠股票就累積多達五億日圓以上的資產，是因為我在不具備任何技巧的情況下，先找出自己做得到的部分，然後花了二十五年的時間一個一個去克服自己的弱點。

人生是有限的，絕對不可能學會所有知識。

那麼該怎麼辦呢？假設是工作上必須具備的知識或技術，只能利用每一次的機會去學習、追上進度，或是請教公司以外的人，或是雇用具備該能力的人。

只要這麼做，就不必在開始行動之前花數千個小時做準備。

現在無論是程式設計還是一般的設計，都可以找到許多自由工作者，而且費用只要幾年前的一半。因此，聰明的做法是一開始用少少的錢去做，透過不斷修改，最後達到理想中的樣子。

「我沒有這方面的專業知識」、「現在還太早」、「肯定會失敗」。

各位是不是動不動就會說出這三句話呢？

一般來說，學會一件事大約會花上一千個小時的時間。

這一千個小時，如果全部用來做會賺錢的行動，肯定能賺到更多錢。

行動得愈多，賺的錢就愈多。反過來就沒有。

Column

這裡所謂會賺錢的行動，指的是自己擅長的領域。在自己不擅長的領域去提升自己的附加價值，是非常沒有效率的做法。

因此，請專注在自己擅長的領域，並且像堆積木一樣一個一個愈堆愈高，一步一步逐漸提升。

第7章

有錢人都是輕鬆賺錢的高手！

——以最少的努力增加財富的「複利法則」

複利的法則
01

每天努力1％

——有錢人也會利用複利的力量

年收入達到一億日圓的人，其資產的增加方法，就是典型的複利行為。

無論是經營事業、成長還是投資，一切都跟複利有關。

舉例來說，小學數數的方法是1、2、3、4……一個一個數。可是，**在商業的世界是以1、2、4、8、16、32、64、128……複利的方式成長。**

複利效應本來是在資產運用上常會用到的說法。

意思是將投資收益加到本金中繼續投資。透過不斷重複這個過程，使利益再生出新的利益。隨著時間推移，資產增加的速度將愈來愈快。

被稱為投資之神的巴菲特，從十幾歲就開始投資。然而，他現今九成的資產，卻是

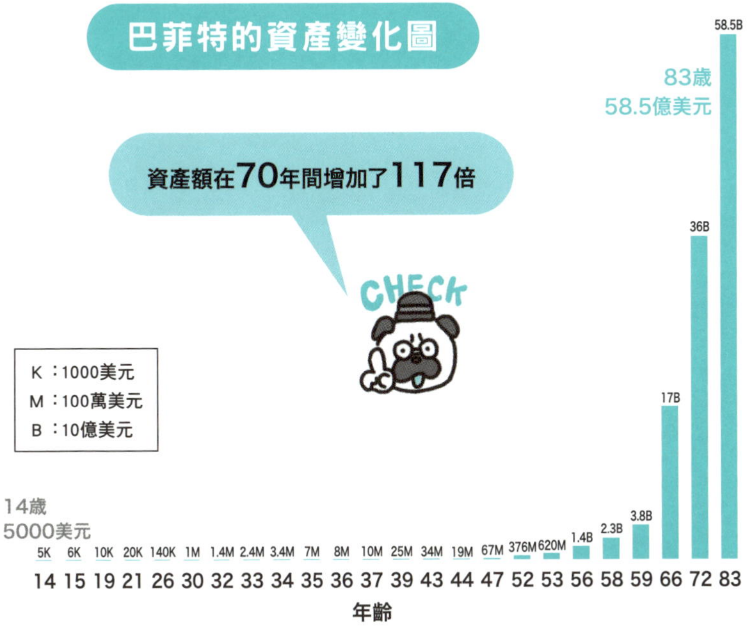

在六十歲之後才開始累積。這是因為他把複利效應變成了自己的助力。

像這樣在進行資產運用時，複利就是你最有力的夥伴。

這一點，我們的成長也是一樣。

要成為有錢人，靠的是平時的思考與行動的積累。這些平時的行動所帶來的成果，一年後會開始產生複利效應，再加上年齡的增長，成長的速度會愈來愈快。

舉例來說，如果「每天成長1％，持續一年的時間」，你覺得一年後會變成幾倍呢？

改變人生的「複利的力量」

1.01的365次方＝37.78 → 1.01法則

0.99的365次方＝0.03 → 0.99法則

答案是**「37.78倍」**。

先不管那些細節部分的計算，這就是複利的力量。只要持續每天努力1％，人就能以如此驚人差距的速度成長。

小心負向的複利效應

相反的，大家可能不太知道的是，其實也有**「負向的複利效應」**。

如果每天比前一天偷懶1％，一年後的成長會下降至原本的0.03倍。

整天只會守著電視或沉迷於酒精，不斷浪費寶貴的時間。

或是沉溺於賭博，或因為投資詐騙而失去金錢。

這些負向的複利效應，會產生與先前介紹的正向的複利效應相反的作用。也就是說，隨著時間過去，成長和財富會逐步減少，甚至健康也會迅速惡化。

另外，用錯方法也可能會引發負向的複利效應。

借錢就是其中一個例子。

在資產運用上，複利是以「滾雪球的方式」使資產增加。而這個原理套用在借錢上也是一樣。

以借錢來說，不停往上增加的就不是收益，而是「利息」。利息會再繼續產生更多利息，使人陷入借款金額不斷增加的惡性循環中。

一樣的複利原理，可是一旦用錯方法，只會把自己帶往毀滅。瞭解了這一點之後，就讓我們盡量發揮複利的正面效果吧。

年收1億

通往上億年收的成功之路 29

思考複利對自己而言有哪些優缺點。

複利的法則

02

提前一小時行動

—利用「撒網捕魚的方式」來累積成長的資產

一旦知道成長和財富也會受到複利原則的影響，對平常的行動的看法也會跟著改變。

正確的行動會帶來正面的複利效應，相反地，錯誤的行動則會往壞的方向惡化。

那麼，如果想把複利效應當成助力，該怎麼做呢？

- 每天花半小時閱讀有助於當下工作的書。
- 早上提早半小時進公司，為工作做好準備。
- 午休時間自己一個人過，拿出人生計畫重新檢視、安排，記錄每天的行動。

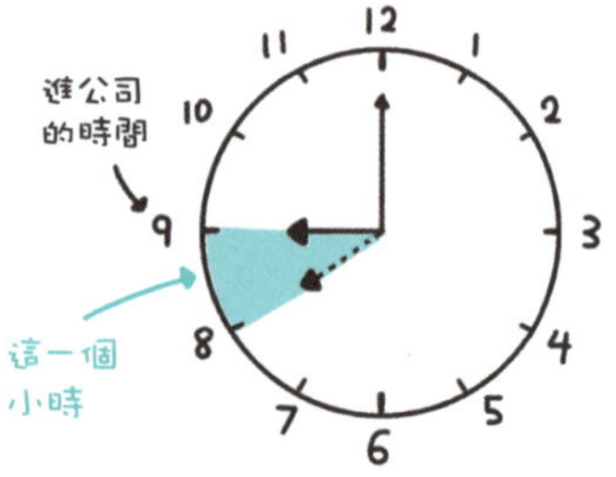

・想經營副業或創業的人，下班後回家前先花一小時的時間到咖啡廳做相關的準備。

像這樣**先踏出一小步，再慢慢增加分量或是加快速度**。每一步的行動雖然都很小，但一年累積下來，在複利效應的作用下將會產生天壤之別的差距。

我們靠念書或是從經驗中獲得的學習，幾乎都是明天或當下馬上就能使用的東西。如果可以運用到下一次，就能以複利的方式擴展經驗。

這些累積的經驗，又會被運用在下一次，帶來更好的企劃或是行動結果。無論是成功還是失敗，透過聰明地運用，最後都能轉變成財富。

這時候的重點是，**每次都稍微提前去行動**。

在人生中搶先一步行動，不僅可以獲得更多經驗，而且還能像稻草富翁（日本童話故事，主角藉由一再的交換行為換得高價物，後引申為用小東西得到增加財富的結果）一樣靠著複利的力量，將這些經驗活用在各種地方。因此，請記得盡量提前行動，盡量早一點去認識人，盡量去和其他體驗做價值交換。

透過隨時提前去獲得經驗，才能親自設計自己的人生。

利用大腦的「自動追蹤功能」來提高時間效率

年收入達一億日圓的人，總是以提升工作效率為目標。

每天可以花時間去做的行動有限，因此，為了用有效率的方式完成眼前的任務，他們通常會先安排進度。

以我為例，就像前面一再重複的，我會盡可能提前著手開始。包括一秒法則和為了加快輸出的略讀等，都是我每天會用到的技巧。

另一方面，**如果是想法等需要時間醞釀的話，有時候我會先暫時擱著。**

舉例來說，準備簡報企劃書或是書稿的時候，我會提早決定主題，並且經初步構想用條列的方式寫下來，然後就擱著不管好幾個星期。

因為與其馬上動筆，不如讓大腦不斷地張開天線。

從書店不經意讀到的專欄、企業家之間的聚餐、每天固定瀏覽的媒體資訊等，收集需要的材料。

自從知道這種「大腦自動追蹤功能」的便利性之後，我就開始盡可能地利用。就想法上來說，其實跟撒網捕魚很相似。

先決定好主題，然後就暫時擱著不管。

就連做法也非常簡單。

通往上億年收的成功之路 30

提前一小時、一天、一個星期去行動。

複利的法則 03

成長的大爆炸點

——向人生的先輩請教「推薦好書」

隨著時間經過，過程中的累積會在工作或人脈等方面發揮正面效果，並且靠著複利的方式不斷增長。

這一點，增加財富的方式也是一樣。以我為例，以某個時間點為界，我的資產就開始爆炸性地增加。

我稱之為「大爆炸點」的時間點，正好是突破了生活收支的極限點的時候。

所謂的資產不僅限於金錢，成長速度、技術、經驗、人脈等，都可以算是你的資產。而資產的特性之一就是會以S曲線跨越大爆炸點的關鍵點。

每個人的大爆炸點各不相同。

但是，一旦跨越了這個關鍵點，「財富增加的速度」會變得比花錢速度快，「輸

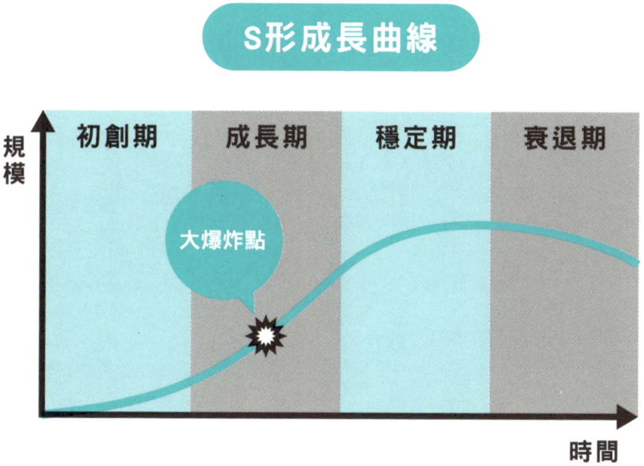

出」也會多於輸入，而且比起你去見別人，「來見你的人」會明顯變多。

我平常一有時間就會做訓練，像是跑步或是深蹲等，剛開始的十分、二十分鐘，總是會做得氣喘吁吁。但是，接下來就愈做愈輕鬆，就這樣不知不覺跑了一小時，或是輕輕鬆鬆就做完五十下深蹲。

這也是一種隨著時間經過，成長的曲線不斷上升的複利效應，為的就是要提升自己的耐力和肌力。

這就是所謂的**成長曲線**。

才短短的時間，就已經有如此大的差距，若是經過五年或十年，差距將會大到難以想像。

對這個將來能夠獲得的複利效應抱持期待，

今天半步、明天一步地每天確實保持前進的人，將能獲得非凡的成功。

前棒球選手鈴木一朗曾經說過，自己不喜歡被稱為天才。沒有比他更努力的人了。正因為有這份自信，所以才不想被貼上天才的標籤吧。每一個成功的人，背後都付出了嘔心瀝血的努力。但是，一般人都只看見結果。應該多把焦點擺在那些不斷累積的行動才是。

重新檢視並修正壞習慣，思考現在的自己應該專注在什麼事情上。要選擇哪些，又該放棄什麼。

請務必養成習慣，無論是財富還是工作事業，都應該靠複利不斷成長。

聰明運用人脈

如果能夠隨時專注於自己的成長和該做的事，就會懂得在應該向人請教的時候，向主管或身邊的人尋求建議。

人脈的好處就在於這一點，**因為一旦跨越了成長的大爆炸點之後，認識的人愈多，解決問題的能力就愈高。**

即使是自己沒有太多經驗的領域，也可以從身邊具備專業知識的前輩或是朋友身上，獲得相關的資訊或建議。大家不妨把握機會，聰明地善用身邊那些有知識的人。

也可以只是說明狀況，請對方推薦有助於解決問題的書。與其根據網路上很多真偽難辨的評論或留言去找書，這種做法更能精準、有效地解決問題。

剛好前幾天有個許久未見的企業家朋友找我一起去吃飯。我馬上就知道：「他一定是遇到什麼問題，要來跟我尋求意見或解決對策。」我的專業是行銷和宣傳公關，另外像是經營YouTube頻道和股票投資，也可以算是擅長的領域。

若是問我這方面的知識，我一定傾囊相授。

哪一天當我遇到困難的時候，一定也會有比我更專業的朋友對我伸出援手。像這樣不是只會是表面說說，而是瞭解「給予、再給予」這種無私付出的本質，也是成功的關鍵要素。

成功的人都知道一邊行動一邊向人請教學習的重要性。

跟已經有經驗的人請教，可以更準確地知道自己該做的事。

因此，只要請教有成功經驗的人，隨時修正自己的方向就行了。

不過，盲目地到處問也不行。當遇到困難的時候，重點不在於講求速度，而是向可以幫助自己解決課題的人學習。應該要先自己思考，視當時的情況去收集必要的資訊，並且持續與人見面，汲取他人的經驗和知識以解決自己的課題。

通往上億年收的成功之路 31

透過行動，掌握人脈、資源、金錢全部送上的「黃金時機」。

複利的法則 04

工作的斷捨離

——可以超越自己的可能性，但不要超過自己的極限

年收入達一億日圓的人，通常對任何事情都充滿好奇。

他們隨時都在尋找好玩有趣的事物。

他們會先親自嘗試，等到瞭解該領域的知識和規則之後，就會盡量交由他人去處理。

把事情交給員工或是外聘人員負責，讓自己專注於管理或是盈利模式的改善等只有自己才能辦到的事情。

如果自己攬下所有的工作，實際上「能做的量」就有限。

為了確保成功，除了自己勤奮工作以外，更重要的是，必須教會被交付工作的對象也能確實完成工作，建立一套雙方都能賺到錢的管理機制。這麼一來，不論是自己還是

身邊的人，大家都能開心。

當然，當工作學習到某個程度之後，有些人會辭職，也有人會選擇出走創業。

但是，就算擔心這些，也千萬不能就因此提高員工的報酬。

很多人都會怕員工離職或是出走，所以把所有工作都攬下來自己做。可是，如果因此忙到沒有時間做自己真正想做的事，或是過度勞累而把身體搞壞，根本是本末倒置。和家人相處的寶貴時間也好，重要的健康管理也好，這些都是要心有餘裕才能夠做到。

止步於兩千萬年收的人的特徵

如果沒有辦法建立團隊或是營運機制來賺錢的話，年收是不可能破億的。這就是事實。即使剛開始很順利，但只要沒有團隊或是營運機制，很快就會陷入瓶頸。因為一個人能做的事情有限。

愈是看起來能力好的人，愈容易把事情全部自己攬下來做。

人雖然可以達到自己的高峰表現，卻沒辦法再更進一步，因為大腦的容量已經無法再解決更多問題，身心的疲勞也可能會引發始料未及的狀況。

最好的做法，是把自己不擅長的事情交由別人來處理。這時候的分配也很重要。在現在這個時代，如果不想承擔風險雇用員工的話，也可以參考前面內容中介紹過的方法，找志同道合的夥伴來建立團隊。

遇到員工離職或出走的問題，不妨就當作是為了將來賺更多錢的成長痛吧。

否則在年收入達到兩千萬日圓之後，很快就會陷入瓶頸。

如果你現在正面臨這種情況，請先把前面第5章的內容好好再重新詳讀一遍。

通往上億年收的成功之路 32

如果覺得自己一個人做有限，就找人一起建立團隊吧。

複利的法則 05

自我回饋型的成長型思維

——抱著上班族的心態是無法獲得支持的

必然會成功或是年收入破億的人，通常都擁有**「自責思考」**。

自責思考指的是，把所有的責任，包括現在的工作和環境，都視為自己的決斷所帶來的結果去接受，而不會歸咎於他人。

能夠這麼想的人，往往不會為狀況的結果找藉口。

即便發生任何問題，也會思考自己哪裡做得不夠。我把這稱為「自我回饋型的成長型思維」。

將成功歸功於眾人的協助而心懷感謝，把失敗視為自己的責任而坦然接受。

這種思維模式的優點在於，所有的失敗都會變成自我成長的契機。

能夠用自我回饋型的成長型思維去接受結果的人，會一邊思考「怎麼做才不會遭遇同樣的失敗」，一邊持續行動。

或者，有時候為了打破現狀，他們也會轉化為新的挑戰。

另一方面，只會怪罪別人或是環境的人，表面上看起來似乎過著與失敗絕緣的人生，但實際上正好相反，他們不過是把原本應該用於自我成長的能量，主動發洩在他人的身上罷了。

講白一點，這正是所謂的上班族心態，必須多加留意才行。

凡事都讓別人做決定，失敗了也全是別人的錯。若是一直抱著這種心態，年收入無法超越上班族也是理所當然。

那些必然會成功，甚至擁有上億年收的人，絕對不會是他責思考的人。

因為他們都知道，他責思考絕對無法帶領自己通往成功。

他們會從失敗中獲得全新的學習，知道下次要怎麼做。

正因為把人生的一切都視為自己的責任，所以為了避免失敗，他們會發揮創意和努力地持續行動。

把焦點放在自己身上之後，別人對你的評價也會跟著改變

當你專注於自己時，周遭對你的評價也會變得截然不同。

每天都在思考、努力追求成長的人，會給人一種充滿魅力的感覺，讓人想支持他而自然而然地靠近。

凡事都歸咎於公司或是別人、從不檢討自己的人，完全不會讓人想靠近。這個世界的成功法則，其實就是這麼簡單。

只要一個行動、一個思維，就會大幅改變你的價值。事情好轉的契機，通常都發生在當你持續不斷地做好基本該做的事情的時候。

這一點也是全球暢銷書《富爸爸，窮爸爸》的作者羅勃特・清崎（Robert Toru Kiyosaki）在書中不斷強調的，投資家或企業家與勞工階層的差距。

成功的投資家或企業家，必定都擁有「自我回饋型的成長型思維」。這不僅是賺得上億年收的基本條件，同時也是藉由投資股票或不動產來獲得經濟自由，成為成功人士的必要條件。

通往上億年收的成功之路 33

從現在開始停止他責思考。

只要抱持著所有行動都會為自己帶來成長的心態，主動思考並採取行動，就能以正確的判斷做出決定。

複利的法則 06

使出三張技能卡

——打造屬於你自己的獨特性

擁有上億年收的人，都是罕見的人才。

在接下來的時代，只專精一項技能是不夠的。

擁有豐富的經驗，才能整合各種想法，或是從不同角度俯瞰全局，找出最好的解決對策。

為此，應該參與本身公司的交流機會，透過挑戰不同的新事物，讓自己成為罕見的稀有人才。

如果只會依照公司要求，把一件事情做到完美，這樣的人才將會非常危險。請務必增加自己的經驗次數。

有了豐富的經驗，就能結合三、四種不同的經驗來提升自己的價值。

我自己本身所經營的三大事業包括有廣告代理商、顧問服務和影片製作，類型各不相同。

除此之外我還寫書，同時也是個YouTuber。

乍看之下也許會覺得我只是把各種技能朝不同的方向發展。

但是，這世上有無數的廣告代理公司老闆和行銷顧問。

在這些人當中，能夠自己發送情報，並且將系統化的知識轉變成服務提供的人才，即便在業界也是相當稀少。

實際上，我的工作也因為這樣增加了。在不斷的失敗中所累積下來的社群媒體發送和影片製作的經驗，如今都能用來解決客戶的問題。

在今後的時代，專業性正逐漸式微

如果想賺取高年收入，第一個要做的，就是盡可能地讓自己也成為這種罕見的人才。

在過去高度經濟成長期底下的日本，一旦進入大型企業底下工作，就不必擔心會被裁員，只要依照公司要求的做好被交付的工作就行了。

然而，時代已經改變了，現在就算是大企業也會裁員。非但如此，就算信任公司，照著被交代的持續做一項工作，一旦Job型雇用（偏歐美型態雇用形式，重視員工在特定職位上的能力與成果，而非學經歷或年資）成為主流，說不定還會被單方面地調派到完全沒有接觸過的職務。

當必須自己保護自己的時候，若是可以**把豐富的經驗和失敗化為優勢，讓自己成為稀有人才**，就能有效提升自己的價值。

請大家先將這種行動價值觀灌輸到自己身上，再來思考今後的職涯規劃。

提升自我附加價值的秘訣，就在於能否整合不同的行動或經驗，打造出屬於你自己的獨特性。

說到為了成長而重新學習，總會給人一種苦悶、默默努力、彷彿考生一樣的感覺。

事實上大可不必如此，反而可以像打電玩一樣，組合自己擁有的技能卡，想辦法提升自己的稀有價值，好讓自己成為異世界的主角。不妨就讓自己享受在這種充滿活力的大人的學習和成長中吧。

通往上億年收的成功之路 34

積極地善用轉職或副業的經驗，藉此提升自己的稀有價值。

終章

閉關修煉！只針對「這些」做輸入

——金字塔頂端1%的富豪都在實踐的「20條神規則」

在前面的內容中，我已經把達到上億年收的思維、技巧和法則全都介紹給大家了。作為本書的終章，最後我想把只要做到「這些」就沒問題的「規則」，分成二十個小節來傳授給大家。

當然，前提還是必須持續不斷地行動，但是當感到不安或是陷入瓶頸的時候，都可以透過反覆瀏覽這一章的內容來抓住浮出水面的契機。

RULES 01

成為有錢人的神規則

當個持續行動的傻瓜

消除不安的唯一方法，就是採取行動。

在網路尚未出現之前，只有特定的人能獨佔資訊。隨著網路的普及，如今任何人都能自由自在，而且快速又幾乎免費地取得各種知識，而資訊本身變成毫無價值的東西。

資訊革命的興起，使得過去因為擁有知識或技能而備受尊敬的優秀人才，如今變得滿街都是。

那麼，接下來又會是什麼呢？

那就是**「行動革命」**。

在現今的時代，能夠拉開差距的，只有行動。

無法行動對每個人來說，已經成為最大的瓶頸。

因此，改變行動之前的過程，才是最重要，且應該投入精力去做的事。

只不過，透過行動取得成功的人，一開始都會被身邊的人看不起。

因為能夠成功或是成為領導者的人，看起來都跟別人不太一樣。

如果不畏懼跟別人不一樣，想要比別人達到更多成就、賺取上億資產的話，就必須要敢於當個比任何人都早一步行動的傻瓜。

或許會被人取笑：「那傢伙怪怪的。」或「他是傻子嗎？」

即便如此也不必放在心上。請勇於行動。

對於完全停下腳步的人來說，像蟲一樣動個不停的人，全部都是傻瓜。

從某種意義上來說，這是一種嫉妒的心理，反映了對停止不動的自己感到害怕。

若硬是要舉一個必定會成功的人的共同特徵，那應該就是一路走來一直被當成怪人來取笑吧。

02 RULES

成為有錢人的神規則

停止行動的那一刻便開始老化

就算被嘲笑，也不停止行動。這樣的人，最終會培養出強大的心理素質，也可以說是鋼鐵般的意志。

由於意志堅定，所以會開始受到周遭人的尊重。

相反地，凡事只會出一張嘴，卻沒有任何行動的人，不知不覺地身邊的人和運氣都會離他而去。

因為即使一開始聚在一起很開心，但是一成不變的生活漸漸地會讓人感到厭煩。

此外，最新的腦科學研究也發現，一旦失去行動力或好奇心，人就會開始突然間急速老化。

人並不是隨著年齡的增長逐漸變老，而是**當對所有事物都失去興趣時，大腦便會退化，於是人就開始老化**。

因為不再需要為了挑戰新事物而產生能量，因此大腦會對全身下令：「大家辛苦了，接下來就維持現狀吧！」於是，細胞中的粒線體會自動切換成節省能量模式，老化便從此開始。即使還年輕，也會出現這種現象。

挑戰跟年齡沒有關係。若是希望看起來永遠年輕有活力，就要不斷激發大腦的好奇，持續挑戰新事物。

松下幸之助先生曾經說過：「青春就是保持一顆年輕的心。」

對未來的可能性，燃燒般的熱情，積極的冒險精神。

具備這三大要素的大腦狀態，就稱之為年輕。當停止行動的那一刻，大腦便會失去這三大要素，讓人從年輕變成衰老。

03 RULES

成為有錢人的神規則

一開始完全模仿成功者也沒關係

如同規則1所說的，在接下來的時代，資訊本身是毫無意義的東西。**如何運用資訊，才是它的價值所在。**

大家可以上網搜尋過去成功者的案例，盡可能提早踏出你的第一步。

一開始可以完全模仿成功案例，或是業界前輩們的做法也沒關係，因為很多時候，那裡面就蘊藏著起步的技巧。

「就算是把自己關在飯店裡也好，三天內就要找出你自己的獨特性。」這種做法，根本只是運動界中所謂的精神論罷了。

重視精神論是個人的自由，但是，這麼做只會讓自己跟那些運用最新科技去行動的人，今後的差距愈拉愈大而已。

一開始就找到沒有人發現的領域，創造出獨特的附加價值，並且將其一口氣擴大規模。說到底，能夠做到這樣的，只有少部分的天才。

即使是那樣的天才，一開始也是從模仿他人做起。

差別只在於那段時期是童年時期還是創業時期。

只不過，他們遠比我們想像的還要更早開始。

即便是孫正義或賈伯斯等偉大的企業家，也是一樣。

實際上，百分之九十九的人連第一步都無法踏出去，就這樣結束了人生。如果無法突破這一點，就沒辦法追求獨創性。

那些能夠付諸行動，甚至是持續行動的人，不過就只有百分之一而已。只有這百分之一的人，才有辦法取得成功的果實。

既然如此，就算是模仿也沒關係，應該先踏出第一步採取行動，接下來再來煩惱如何追求獨創性。

RULES 04

成為有錢人的神規則

把企業家的訪談當成攻略本

我身邊那些不論是在工作上還是生活中有所往來的一流人士，大家都很討厭浪費時間。

如果想讓自己所創造的附加價值發揮到極限，最終的勝負關鍵就在於如何把每一分、每一秒的時間的可能性盡最大的利用。

創業也是一樣。

在創立新事業的時候，即使想要自己創造獨特性，但實際上很多時候，類似的生意或是服務早已經存在，而且那些創立過程在書裡或是網路上都找得到。

「書本就是人生和事業的攻略本」

這是我在大學院校演講時都會跟學生說的一句話。不靠這些攻略本，只靠自己的力量從零開始開創道路。沒有比這更浪費時間的事了。

在過去收集資料的方法還很有限的年代，花一年的時間就讀專門學校也許還比較有用。但是，現在大部分的資訊不僅在商業書上都找得到，也可以透過網路或影片來取得。

當初我利用忙著經營公司的空檔開始創立YouTube頻道的時候也是這樣，相關的編輯技術和行銷方法，全部都是從網路上學來的。

創立新事業基本上也是一樣。

先收集競爭對手公司（或內容創作者）的資料，並且將網路上創辦人的訪談文章，從最早的一篇開始讀起。

剛起步時那些窩在公寓辦公室辛苦打拚的過程、擴展事業的經過、達到如今事業規模的轉捩點等。只要沿著時間順序去收集、研究，就能模擬體驗包括事業擴展的契機、存在著何種風險等的所有過程。

如果競爭公司老闆出書，也別忘了要找來拜讀。

很多書的內容都是十小時以上的訪談內容的濃縮，沒有比這更實用的資料來源了。

RULES 05

成為有錢人的神規則

透過影片學習實用技能

透過看書打好基礎，並且藉由網路文章或是案例找到最短路徑之後，接下來就可以**運用YouTube等影片補充自己的實用技能，同時模仿前輩開始行動。**

這種做法無論是在速度上還是效率上，都要來得更好。

無論下了多少工夫，步行永遠贏不過噴射機。

如果認為不可能有其他方法可以贏得過專業學校或學院，這樣的人應該多關注時代的潮流。

各種技能的學習甚至是教育，今後都會被動畫或是虛擬實境（元宇宙）給取代。

透過搜尋提供全世界的人資訊和學習管道的Google也很清楚這一點，所以才會傾注心力在YouTube上。

現在，Google的搜尋順位正以我們察覺不到的速度，一點一點地從文字內容，變成優先提供YouTube等影片或圖片。

現在，請試著用你想知道的關鍵字去搜尋。

在搜尋結果的第一頁，是不是會出現YouTube的推薦影片呢？

Google已經像這樣開始改變搜尋演算法，讓影片內容優先呈現在搜尋結果中。

也許在不久的將來，只要輸入想學習的關鍵字去搜尋，得到的將是滿滿的影片內容。在家透過元宇宙等虛擬實境學習。這種方法很可能會變得理所當然。

因為這個世界早已經把這當成標準了。

06 RULES

成為有錢人的神規則

把有限的時間做徹底利用

人生的時間是有限的，善用時間於是成了成功最重要的課題。

要取得成功，必須**「把時間做徹底利用」**。

人生的成功，關鍵其實就在於不浪費時間，以及如何採取行動。

無法直接連結到行動的時間管理技巧，大多是無用的。

例如，如何用較少的時間完成大量任務？

如何早睡早起，過規律的生活？

這些當然也很重要，但只做到這些，真的有辦法取得成功嗎？有辦法讓自己賺取上億年收嗎？

答案是不可能。

「做好時間管理就能成功」，坦白說，這完全是誤會一場。

問題在於，無論是誰，甚至就連美國總統或是世界第一的富豪，一天的時間都是有限的。

只是學會讓日常工作更有效率的生活小撇步，並且掌握時間管理的技巧，仍舊無法突破這道限制。

因為你無法增加人生的時間量。

如果只會做更多工作，用時間來賺錢，這種方法絕不可能讓你的資產超過一定的上限。

說不定還會比以前更忙碌，累積更多壓力，最後連身體都被搞壞。

因為你忽略了最重要的一點就是，**在想要掌控時間之前，你應該先「找到最初的目標，讓自己開始行動」**。

應該把焦點放在行動本身，而非時間。要為了行動而去管理時間才對。

07 RULES

成為有錢人的神規則

把留給自己的時間「留白」

隨著生產力的提升，你也會愈來愈忙碌。

然而，根據我的經驗，光是變忙碌是賺不到錢的。

這就是我們從小學就被灌輸的**「時間表陷阱」**。

想要跳脫這個陷阱，必須把焦點放在行動上，並且學習以行動為主的時間運用方法。

如果你認為人生會永遠持續下去，那麼無論做什麼樣的選擇都會變得無所謂。

至少對你的人生來說，「今天」的選擇就變得沒那麼重要了。不管是什麼樣的相遇，或是多美的風景，你都不會再覺得感動。

就連想要珍惜時間的心情，也會變得愈來愈淡薄。

但是，人生只有一次，是有限的。

一旦決定要做一件事，就必須「放棄其他不重要的事」。

管理時間的目的，不是為了用行程把行事曆塞滿，而是為了要做「該做的行動」。為此，必須要瞭解時間永遠是有限的，行程表不應該排得滿滿的。

應該有很多人都想有更多時間來為創業做準備或是學習吧。

所以時間管理的書總是最受歡迎，無論是在書店還是講座，永遠是最熱銷的商品。

但是，光靠這些是不可能讓你成為必定會成功，甚至擁有上億年收的成功者。因為百分之九十九的有錢人也都會這些。

舉例來說，我從差不多五年前開始**就不再頻繁使用行事曆了**。

當然，像是工作上的約會、跟部下的會議，或是和重要人物的餐會等與他人的約定是絕對不能忘記的，所以我還是會用Google行事曆來進行管理。

因為即便是記憶力再好的人，還是免不了要做約會之類的行程管理。

另一方面，**和自己約定的事情，都是早就已經決定好的。**

接下來就只剩如何付諸行動來達到結果。

以前的我十分沉迷於安排行程，每天一早就是翻開行事曆，把從早到晚的時間全部塞滿行程。

我還會依據不同的目的，用不同顏色的筆來規劃時間表。

不只是晨間閱讀，就連重訓、英語會話課，甚至是晚上的休息時間，我都會以半小時為一個區塊，像拼拼圖一樣想辦法塞滿行事曆。

那時候的我，只要把工作和生活的行程全部塞滿行事曆，大腦就會感受到一股「快感」。

寫待辦清單也是一樣。也不知道是從哪一本書上看來的，我會用條列的方式把當天該做的事情全部列出來。除此之外，由於前一天沒有完成的事情，必須再放到隔天執行，所以使得清單愈列愈長。

列好之後，我一樣會覺得很開心。但我明明什麼都還沒做。

大家務必回頭檢視一下自己是不是也是這樣。

如果一天花十五分鐘進行行程管理和確認作業，一個星期就是一百零五分鐘，一個月（三十天計算）就是四百五十分鐘。

這樣累積下來，等於一個月就花了七點五小時在做時間管理。

驚覺到這一點之後，漸漸地我再也不會把早上寶貴的時間拿來安排行程了。

除了和他人的約定之外，其他的都是跟自己的約定。只要清楚知道自己該做什麼，早上一起來就應該馬上行動。

如果有真正想做的事，而且也打算確實去達成的話，更應該如此。交出成果唯一的方法，就是現在馬上付諸行動，並且持續執行。

想要更有效地利用時間，就不該把時間浪費在時間管理上。在思考如何提升生產力之前，請先想辦法加快自己展開行動的速度。

08 RULES

成為有錢人的神規則

不執著於未來和過去

我所認識的那些擁有上億年收的人，全部都是專注於當下的人。尤其是專注在眼前的事情。

無論發生任何狀況都能採取行動的人，往往不會追求未來要跟自己想的一樣，而是專注於當下眼前的事。對於事情是否會如預期般發展，他們一點都不擔心。

丟掉行事曆的同時，就等於放下渴望控制未來的「執著」。

這麼說可能不太好聽，但是眼前的問題都還沒解決，一味地擔心未來也無濟於事。

不安是因為過於擔心「未來」。

後悔是因為過度回顧「過去」。

那麼，該怎麼做才能「立刻」行動呢？

首先，**請決定好兩三件該做的事。**決定行動，代表必須放棄其他事情，因此像是漫無目的地看電視的時間、午餐後和同事大吐苦水的時間等，都必須考慮是不是應該放棄。

接著，**請單就決定好的任務，盡快採取行動。**如果一大早就決定好當天要做什麼，接下來就能一一去完成。只要專注地持續行動，就不需要依賴行事曆來管理。

如果不安排行程會擔心的話，可以把當天該做的事情，依照優先順序簡單地寫下來。這時候要注意以下四點：**❶不要特地花時間這麼做；❷不要把寫下來當成目的；❸只寫重要的事；❹不必寫到隔天的行程。**

成為有錢人的神規則

09 RULES

趁年輕時瞭解「學習的重要性」

擁有上億年收的人，對於學習通常都充滿熱忱。

被迫念書或是學習是最無趣的事了。

大人的重新學習也是一樣。

想要成功，最好盡早意識到學習的必要性。為此，必須保持「某種程度的危機感或緊張感」。這一點在前面的內容中已經說明過了。

行動之後必定會面臨到各種問題。這也是一種製造危機感和緊張感的方法。也就是反過來利用問題的意思。

我常跟年輕的員工說：「要給自己多一點緊張感。」

對於那些只要一直待在組織裡就很放心、覺得現在這樣就很好的人，老實說要改變他們很難。

若是年輕時就能意識到人生活到老、學到老的道理，就會以更輕鬆的方式擁有豐富的生活。

RULES 10

成為有錢人的神規則

主動選擇「充滿問題挑戰的人生」

決定成功最重要的關鍵是，無論是行動還是學習，是否能夠擁有自發性的動機。

我身邊的成功人士，每個人都擁有這種自發性的動機。

如果是在公司的強制要求下去學習，就算學到新的東西，也只是跟上司做完報告之後就結束了。**若要把學到的知識加以實踐，積極地運用在工作上，還必須具備自發性的動機才行。**

如果問：「該怎麼做才對？」唯一的答案只有：「你想怎麼做？」

倘若沒有事先想好如何運用所學去行動，什麼也無法開始。只有透過自發性的動機，才能帶來結果。

反過來說，擁有自發性動機的人，對於眼前發生的小問題，再也不會感到擔心。

所謂的「問題」，其實就是現實與自己應該追求的夢想或目標之間的「差距」。一旦失去應該追求的東西，問題雖然能獲得解決，但是人生也會變得索然無味。

在我們公司最資深的高階主管當中，有個叫做高野的員工。他有三個小孩，以現在這個時代來說非常少見。最近他們一家剛從東京搬到埼玉縣一個很遠的地方。

他在那裡用驚人的低價租了一大塊農地，每到假日就全家一起經營家庭農場。

這些當然都是基於興趣而做，但是每個星期還是會聽到他抱怨「雜草怎麼拔也拔不完」、「想要挑戰無農藥，結果卻被菜蟲打倒」、「霜降讓植物的根部都腐爛了，只能全部丟掉」等。

大家都覺得既然有這麼多問題，何不乾脆放棄算了。但是，他反而做得很起勁，一副樂在其中的樣子。

他也會自己想對策解決，像是「開始嘗試種耐寒的地瓜」、「向鄰居請教哪些蔬菜適合無農藥栽種」、「已經買了防止霜降的布，等放假再跟孩子們一起討論對策」等。

他一直有個心願，想讓孩子自由地成長。

正因為已經花了很長時間在追求這個心願，因此他並不打算一口氣解決所有問題，甚至看起來反而像是在享受每一次行動之後所帶來的更多問題。因為這一切正是他所期望的結果。

認真的人會在一開始就想先排除所有問題。

這麼做等於讓你自己找到停止行動的理由。

相反地，能夠賺取上億年收的人，通常會投入必要的時間去一一面對問題，而且就跟我的這位員工一樣，享受在克服困難之前的過程中。

大家不妨用更正面的心態來看待充滿問題挑戰的人生吧。

RULES 11

成為有錢人的神規則

比起「兔子」，不如用「烏龜」的步調前進

學會了看待問題的心態之後，接下來還有一個重點。

也就是那些擁有上億年收的人都早已知道的，確實地重複做到小行動的重要性。

他們每天都會持續付出相同的努力。

以固定的步調持續努力，才能維持動力持續向前。

若以寓言故事《龜兔賽跑》來說的話，就是烏龜的步調。

相反地，如果用短跑的方式一下子快速衝刺，一下子停下腳步好幾天不動，對維持動力來說反而會消耗更多能量。

飛機起飛的時候是最耗油的，可是一旦飛到空中進入穩定狀態之後，耗油量會大幅減少到十分之一左右。

同樣地，大家在剛開始採取行動的時候，會消耗最多能量。但是，一旦以一定的速度持續前進時，意外地動力反而不會減少。

我自己的經驗也是這樣，像是寫書或是重訓之類的，一旦完全停下來之後，就必須耗費更多的能量，才能恢復到跟以前一樣的動力。

人都有所謂的**「維持現狀偏誤」**。

這是人類大腦的特性之一。這個說法雖然經常被用來說明心裡想要改變現狀，實際上卻遲遲無法踏出第一步的情況，但其實也適用於保持良好習慣的情況。

一旦養成良好的習慣之後，只要持續一點一點地去做，就不會輕易回到過去的狀態。

例如每天早上都會做重訓或是念書，只要一天沒做，就會興起「晚上就算只做一半的量，也要維持每天固定的步調」的念頭。

這就是維持現狀偏誤對良好習慣產生正面作用的緣故。

想要擁有這種正面作用的維持現狀偏誤，方法就是即便只是少量也好，先決定好一天的行動量，然後持續做到。

在刷牙或是換衣服的時候，沒有人會去在意動力什麼的。

很多人對於我幾乎每天上傳新的YouTube影片都會感到驚訝，覺得「那應該很辛苦吧！」，或是「不會太勉強嗎？」。

不過老實說，這個步調對我來說反而是最輕鬆的。有時候因為感冒或是出差的緣故，兩三天無法更新，之後要要重振動力再面對鏡頭，就必須要花更大的力氣才行。

如果有想要達成的目標，每天一點一點持續不斷地去做，反而容易持之以恆。只要抓到適當的步調，就有辦法維持動力和幹勁。

就算覺得充滿能量、可以做得更多，也不要依賴那種瞬間爆發力，還是要以每天持續的行動為優先。

透過這種方式可以鍛鍊行動肌肉（雖然實際上並沒有這種肌肉），讓自己即使遇到一些小問題也能順利解決。無論跌倒幾次，都能夠重新站起來。

以長遠來看，這種做法反而能夠發揮出更良好且高效率的生產力。

當然，讀過這本書之後，相信你應該不會變成《龜兔賽跑》中的兔子才對。

12 RULES

成為有錢人的神規則

瞭解「成功會延遲到來」的道理

擁有上億年收的人都知道，成功要「經過一段時間之後才會得手」。

現在所付出的辛苦，也會在經過一段時間之後，以機會或是成果的形式回報到自己身上。

我把這稱為**「成功的時間差反擊」**。

常常成功的人，通常都很擅長順勢而為。

相反地，如果不懂這個道理，不只是自我投資，就連事業或是投資也會投入太多錢，導致最後資金短缺。

如此一來，即便成功的終點就在眼前，也只能中途放棄。甚至在倒閉之前，也沒有辦法啟動安全措施來進行保護。

要避免這種情況發生，**方法就是在初期階段盡可能先累積失敗的經驗。**

如果你是說什麼也不想輸的人，也請務必看到最後。

如同在前面內容中說過的，我在二十幾歲的時候經歷了許多失敗。

從小在只有爸爸、沒有媽媽的家庭中長大，大學也考得不好。雖然從出社會的第一年開始就以自由工作者為業，但還是每天被罵，不斷受到前輩們的指責和辱罵。

即便是二十七歲創業之後，也經歷了好幾次幾乎倒閉的危機。

但是，如今回想起來，多虧了當時經歷過這麼多失敗，我才明白「成功會延遲到來」的道理。更別說這也讓我變得對風險特別敏感，也磨練出強大的耐挫力。

換言之，年輕時不斷跌倒的經驗，最後都變成了促使我成長的動力來源。

在經營事業或是投資的時候，必須要瞭解成功會延遲到來的道理，妥善評估風險，以取得回報。

這種時候，**如果過去有失敗的經驗，這些經驗就會變成名為「直覺」的資料庫，向自己發出「最好現在立刻採取行動」或是「先靜觀其變再說」的訊號。**

投資股票時也是一樣。

有時候大腦會根據過去的經驗或模式，閃過一股直覺性的靈感，例如「現在先不要投入太多資金」，或是「這時候應該承擔風險，放手一搏」等。

之所以會有像這樣的直覺作用，是因為身體還記得年輕時跌倒和失敗的眾多經驗。

我也靠投資股票和不動產獲得許多資產，尤其說到投資股票的成功秘訣，我最常說的就是：**「不需要大力揮棒，只要能多一次打擊的機會就好。」**

小孩子第一次爬樹的時候，大多爬到一半就會因為害怕而動彈不得，整個人停住不敢動。因為是第一次的經驗，所以會感到恐慌。從樹下往上看，或是從樹上眺望出去的景色，和過去在公園裡四處奔跑的經驗完全不一樣，所以會讓人不知所措。

但是，隨著反覆爬過幾次之後，就能靠自己的力量爬到高處。

我想這是因為身體已經把類似的畫面和失敗經驗記下來了。

13 RULES

成為有錢人的神規則

事業和投資千萬不能受到致命傷

初期所累積的小小的失敗和跌倒的經驗，之後一定會發揮作用。

如果要說有什麼很重要的話，那就是：**輸了沒關係，但千萬不能死。**

也就是說，如果只是擦傷，傷幾次都不要緊，但千萬不能受到致命傷。

如果只是一點小傷，大部分都能變成邁向成功的經驗。

這一點就投資股票來說也是一樣。

我除了日本股票之外，也將資金分散投資在美國股票、中國股票和全球股票等。這就叫做「投資組合」。

不久前，在美國經濟還非常好的時候，常有人問我：「你為什麼不只投資美國股票就好？」

但是，對於從二十三歲就開始投資，擁有二十五年投資資歷的我來說，反而想問：「為什麼要只投資現在可能已經處於高點的美國股票呢？」

除了經營事業所賺取的錢以外，我光是股票投資就累積了超過五億日圓的資產。擁有如此經驗的我，有不一樣的想法。

在長達二十五年的投資經驗當中，全球市場一直以來都是反覆地起起落落。

一九八九年日本股票從高點一路暴跌之際，俄羅斯和巴西等能源國家接著興起；當這些國家衰退時，中國股票陷入泡沫化；當中國股票觸頂下跌時，換泰國和韓國等國家接棒，接著又回到美國股票……就這樣反覆循環。

所謂建立投資組合，就是在這種瞬息萬變的投資環境中，避免自己過於貪心而受到致命傷的一種投資對策。

在投資的世界裡有句格言叫做：「山愈高，谷就愈深。」這是投資股票時絕對要謹記在心的一句話。

當美國股票持續表現強勢，相對地跌幅就會愈強烈。我一直是這麼堅信的。

當然，未來的事誰也不曉得。

正因為不知道，所以才要做好風險管理，分散資產以避免受到致命打擊。

大家可以像我一樣分散投資不同國家，如果是新手，當感覺快接近高點的時候，可以在暴跌之前先提高手邊的現金比例，用時間來分散風險。

每年只要在大幅下跌的時候，慢慢地花時間趁著低點分批進場投資，不僅能提高勝率，也不會造成虧損。

像這樣，無論是經營事業還是投資，最重要的是在不受到致命打擊的情況下追求勝利。

14 RULES

成為有錢人的神規則

聆聽來自周遭的資訊

那些必定會成功，或是達到上億年收的人，通常都會仔細聆聽周遭人的意見。

就像神盾艦朝著四面八方開啟雷達一樣。不論對方年紀大小，好的壞的所有資訊都會接收。

無論任何人，遭遇重大失敗的時候，往往會變得看不見周遭。或者，也有很多人會緊抓著過去的成功經驗，變得自我中心。

每個人都會經歷這種時期。我自己也在三十幾歲的時候經歷過。

但是，**聽不進去別人意見的時候，接下來通常都會遭遇重大報應。**

以我來說，我曾經因為無視事先決定好的雇用程序，導致公司內部的氣氛變得愈來愈差，最後一半的員工都離開了。

如今想來，那實在是令人十分羞愧的一段往事。

那個時候，公司的案子愈來愈多，反而變得忙不過來。「只要能夠解決現場人力不足的問題就好……」於是，在缺乏深思熟慮的情況下，我雇用了超過預設人數的員工。

當時不少主管都提醒我：「這對現場負責指導的人來說會變成負擔，整個組織也會變得不協調。應該用更謹慎的態度招聘符合公司願景的人數才對。」

但是，在過去曾經將毫無經驗的人培養成能夠獨當一面的顧問的自信，以及希望公司快速成長的焦慮之下，我告訴自己：「沒問題的，只要照著過去的方式做好應對就行了。」完全聽不進去他人的意見。

後來，公司的氣氛果真如主管們所說的，變得非常糟糕。對公司不滿的聲音愈來愈多，爭吵不斷。

好幾個負責指導的員工也因為精神上的疲累和壓力而紛紛離開。我從來沒有像那時候一樣，對於自己的無能感到如此羞愧過。

經過這個經驗之後，我開始積極地用客觀的態度聆聽周遭人的意見。

「愈是在自滿的時候，更要打開耳目，張開天線。」

耳目指的是和周遭人的緊密溝通。天線指的是透過五感去感受現場的資訊。這兩者的平衡運作十分重要。

現在，在做重要決策之前，我一定會先和公司主管進行討論。只要能夠獲得新的想法，就算對方年紀輕，我也會傾耳細聽，並且表達感謝。當然，如果只是一直檢討，行動會愈來愈少，成功的時間差反擊的回收速度就會跟著變慢。

因此，如果可以的話，最好是一邊行動，一邊運用「耳目和天線」來持續進行檢討和改善。

也許有些人身邊沒有能夠立即給予意見的人。這種時候，**不妨就利用手邊的網路或是商管書來給自己補充資訊。**

現在有個叫做「note」的部落格平台，就我看來，上頭有非常多相當於付費等級的內容。

YouTube上也有不同領域的專業經營者或是行銷人員，像是互相競爭似地上傳各種含金量非常高的影片。而且全部都能免費觀看。當然，書店就買得到的商管書也非常有用。

大家要養成習慣，盡可能地多接收來自活躍於該領域第一線的人所提供的建議，並且從中找出共通的模式，代入到自己的情況中去思考。

成為有錢人的神規則

15 RULES 不要為了娛樂去參加研討會或是交流會

與其輸入，不如增加輸出。比起反省，更應該重視行動。到目前為止我一直不斷強調這些。

參加研討會或是交流會也是一樣。

接下來我就跟大家分享我自己是如何善用研討會和交流會這些場合。

這麼說可能有點嚴肅，**首先，參加研討會或是交流會的時候，如果只會跟其他參加者談天說笑，一點意義也沒有。**

「至少要得到一個有用的資訊」「發現能夠促使全新行動的下一個著手點」。

既然要參加，就必須抱著這樣的決心。

為此，你可以試著問主辦方或是講師以下問題：

你是怎麼成功的？
你是經過什麼樣的過程，才做出那樣的行動？
如果想要瞭解那個過程，有推薦什麼資訊（書籍或是網站）嗎？

仔細地問清楚，找出對自己的行動過程有幫助的線索。
如果是為此參加會後的交流或是二次會，才能算是有意義。
比起「拿到誰的名片」，更重要的應該是「獲得什麼樣的想法」。

RULES 16

成為有錢人的神規則

把「偶然的相遇」變成必然

必定會成功，或是賺取上億年收的人，都具備把「偶然」變成必然的能力。
以前曾發生過這樣的事件。
有個二十二歲的學生，透過我每天更新的Twitter等社群媒體寄了一封信給我。

內容大概是：「我是正在創業的學生。最近遇到一些煩惱，因此想跟您見一面。」平時我自己的行程也很忙，很少會跟人見面。但是，那時候「❶對方是學生」、「❷已經創業了」等兩點引起了我的興趣，所以決定騰出一小時左右的時間，在我的辦公室和對方見面。

如果身為讀者的各位想跟自己崇拜的企業家或是作者聯絡並且見面，自己至少必須要是「已經展開行動」的階段。

因為如果連行動都還沒展開，到頭來對方也不可能提供你書中內容以外的其他建議。

日本麥當勞的創辦人之一藤田田先生，當時之所以願意和還是大學生的孫正義（軟銀銀行創辦人）見面，無非就是因為他那時候已經展開行動。

後來，在藤田先生的建議下，孫正義先生才遠渡美國，投入ＩＴ產業創業。

再回到我的例子，當時也是一樣。

那位年輕人的名字我就刻意不說了。他在信中直接表明了自己的行動的煩惱，包括「我雖然創業了，不過目前只有幾個夥伴，也還不知道要從何開始」、「大家的感覺就像大學社團一樣隨性，讓人很難維持動力」。

我現在已經不記得自己當時詳細對他說了什麼。

唯一記得的，只有「熱情談論夢想的年輕人」這麼一個耀眼的印象。

除此之外，我記得當時也從自己的經驗中給了他一些建議，包括「持續行動的重要性」、「夥伴可以信賴，但牽扯到金錢方面就不能」、「要有心理準備最後會剩自己一個人孤軍奮戰」、「為此，要每天持續學習，做好準備」等。

後來，四年後，在一次偶然的機會下，我又見到他了。

但其實並不是真的見面，而是CyberAgent的藤田晉社長在社群媒體上放了一張合照，裡頭的人正是當年的那位年輕人。

沒想到他獲得了CyberAgent的出資，正在為某個雲端服務做上市準備。

「隨時都可以上市，現在只剩時機到來。」社群媒體上這麼寫著。

對比當年的年輕人，如今他的樣子儼然已經成為充滿自信和使命感的企業家了。

那時候我深刻感覺到「發自內心地持續行動是多麼地重要」，而且「人真的有無限可能」。

從那天起，我決定要讓自己的公司成為公開發行股票的公司。也就是之前說過的，消除兒童的教育差距和地區差距的新事業。

行動會創造出與行動一致的未來。

擁有上億年收的人，往往都能夠從行動中發現「偶然」，並且透過行動將其變成「必然」。

而那過程中的一切，都將成為邁向成功的軌跡。

那些一直在持續努力的成功者或是有錢人，都不喜歡維持現狀，因為他們知道如果只是維持現狀，遇見偶然和幸運的機率就會下降。

因此，與其安定，他們更喜歡追求變化，而這種隨時追求成長的態度，才是最重要的關鍵。

17 RULES

成為有錢人的神規則

別讓支出超過收入

最後來聊聊只有那些必定會成功，或是達到上億年收的人才會知道的「金錢知識」。

這些人的共通點是，他們對於金錢完全不會感到焦慮。為了不讓自己陷入焦慮，他們對於存錢、賺錢以及增加財富的方法都非常清楚。

只要能夠擺脫對金錢的焦慮，就能專注於眼前的行動。

為了成為有錢人，做好整體財富平衡的管理非常重要。

就像如果決定要減重，首先要注意的就是體重管理。同樣意思，這裡要做的就是控制收入和支出的平衡，減少花出去的錢。

不管賺得再多，如果花得一樣多，結果就會變成負數。這是理所當然的道理。相反地，如果賺的錢不變，但支出的金額變少了，基本上財富就會愈賺愈多。

也就是說，即使年收入增加，但如果隨著收入增加開始過起奢侈的生活，對金錢的焦慮並不會消失，花在投資上的金額也不會增加。

收入大於支出，這才是增加資產的基本原則。

RULES 18

成為有錢人的神規則

持續學習金錢相關的知識

我和各位的人生都出乎意料地短暫。

尤其是能夠在職場上努力打拚賺錢的時間，頂多只有二十歲到六十歲之間的四十年而已。

如今雖然被稱為人生百年時代，但如果光從健康壽命來看，其實並沒有那麼長。更別說如果積極地花錢，不斷自我投資，希望能夠從中獲得回報的話，可運用的時間就更短了。

由此可知，我們必須思考在人生當中，哪個時期應該打拚賺錢，應該如何投資自己，如何透過股票或債券等自己全部的金融投資知識來增加資產。為此，應該做到何種程度的收支平衡，才能讓自己保有一定程度餘裕地持續行動。

這種**「行動與回報之間的現金流」**，是我們必須時時刻刻放在心上不斷思考的重點。

在思考行動與回報之間的金錢平衡時，最重要的一點是必須先決定收支比。說得極端一點，無論事業或投資再怎麼成功，如果愛用奢侈品，住在豪宅，每天過著優雅從容的生活的話，資產只會愈來愈少，對金錢的焦慮也不會消失。

相反地，如果賺得多，有計畫地自我投資，並且運用知識和經驗持續行動，同時不大幅改變生活水準的話，錢將會愈存愈多。

我很喜歡的好萊塢明星之一是尼可拉斯．凱吉。他拍了許多部賣座電影，為自己賺進了一點五億美元的資產。原本以為這樣的他肯定是過著奢華的生活，沒想到前陣子一則消息震驚了全世界——他竟然花光了全部資產，正準備開始申請破產手續。

無論是再有錢的資產家或是成功者，若沒有把儲蓄花在自我投資或是資產運用上，而是持續過著花錢如流水般的奢華生活，總有一天會破產。即使現在這一刻很有錢，但說不定等在未來的是悲慘的老後生活。

為了避免這種情況發生，最重要的是**「❶想辦法增加收入並減少支出」，「❷每個月把固定比例的錢拿來自我投資」，「❸透過行動創造下一個回報」，「❹把賺來的錢拿來投資全美股票或是全球股票等金融商品」**。

全世界的有錢人們在賺取巨額金錢的同時，也會透過自我投資或金融投資來讓自己資產倍數成長。

關於股票投資等從儲蓄到投資的方法，由於不在本書的主題範圍內，所以在這裡我就不多說了。大家可以另外參考拙作《致富贏家只做「這件事」：股市小白成為億萬富翁的超強鐵則》，或是《投資腦：一輩子不為金錢煩惱的致富教科書》（暫譯，原書名為《投資脳：一生お金に困らない頭を手に入れる方法》）的詳細內容。

19 RULES

成為有錢人的神規則

工作的同時也要投資

如果想要增加收入，請持續進行自我投資。

雖說也可以想辦法增加年收入，但要達到快速增加應該很難。

不過，只要一步一步地每天持續行動，讓今天的自己比昨天更進步，行動的成果就會以複利的方式快速增加。這一點在前面的內容中已經說明過了。

我把這稱為**「行動的未來資本」**。

每天努力百分之一。就算是難以察覺的變化也沒關係，只要每天持續行動，未來的資本就會不斷累積，並且隨著複利效應大幅成長。

當然，每天的改善也會產生複利效應。

擁有上億年收的人，就是像這樣同時增加運用勞力換來的收入，以及透過資產運用獲得的收入。也就是藉由這樣的雙引擎來持續增加財富。

自從羅勃特・清崎的《富爸爸，窮爸爸》在全世界爆紅之後，日本人的理財素養也跟著提升了。

但是另一方面，我認為這當中也存在著一大隱憂。

那就是**對勞動的「輕視」**。

日本人的勞動意願本來就很高，這股力量不但成了戰後復興的基石，也把日本推向全世界屈指可數的經濟大國。

然而，隨著投資意願的提升，近來輕視勞動的發言等媒體的誤導行為有愈來愈多的傾向。包括最近掀起話題的「FIRE風潮」（提早退休）也是。

我們生活中有百分之九十九都是靠別人的勞動來運作。

我在本書中所介紹的那些成功人士和穩健的富裕階層，幾乎個個都是勤奮的勞動者。包括羅勃特・清崎也是，他在寫完《富爸爸，窮爸爸》之後，仍然不斷地從事寫作，並且在全世界巡迴演講。現在的他除了持續投資不動產之外，甚至還跨足全新的教育事業。

對這些人而言，勞動在某種意義上來說，已經變成獲得大量學習的自我投資之一，同時也是無可取代的成長的原動力。

因此，勞動不應該成為從人生中刪除的對象。

不僅如此，他們還會把勞動換取來的收入，進一步投入在新事業或是金融投資中，透過金錢機器的不斷運轉來增加財富。成功者們之所以能夠藉由複利來累積資產，無非就是因為他們把這套機制運用得十分快速而順暢，就像馬戲團的大轉輪一樣快。

20 RULES

成為有錢人的神規則

把勤奮當成通往上億年收的門票

最近不只是投資家，在上班族之間也開始有愈來愈多人希望能夠提早退休。一個想要開始增加財富的人，卻變得只在意能夠擁有經濟自由。為什麼會這樣呢？

那是**因為他們把勞動視為一件具有高度強制，且十分痛苦的事情**。

但是，如果真的想擁有不為金錢所苦的人生，就應該專注於提升整體資產。為此，必須要把重心擺在真正的金錢機器上。

如果你現在會因為X或部落格上那些「每天五分鐘，月入十萬」或是「環遊世界、擁有經濟自由的投資家」等毫無根據的誘人標題而心動的話，那麼你必須要重新思考才行。

因為最後的結局可能會是你遇上詐騙集團，被騙走鉅款。

本書的內容應該也完全進不了你的腦袋。

如果你的人生目標一開始就是「一邊環遊世界一邊賺錢」，那麼那些就是你要的答案。

但是，事實上應該不是這樣。那些只是別人演出來的生活方式，是社群媒體上的假象。應該不是你真正想要的夢想或目標。

與其一直待在國外，假使現在你有想實現的目標，就應該更加專注在上面才對。如果需要拚命工作才能達到那個目標，那麼就算你逃避了，在現實世界中你也得不到任何東西。

我給自己的新事業立下了一個「讓孩子不再被霸凌，不再拒學」的目標。為了實現這個目標，我打算把自己接下來的人生全部用來促成這項事業，並且推廣這個理念。

為此，我不能離開日本，也不能停止勞動。

雖然有點辛苦，不過那就是我賺錢的方法，也是我花錢的方式。

因為我希望在有限的人生時間中，傾注所有的熱情在應該達成的使命上。而不是從勞動中獲得解脫。

如果你還是想擺脫社會的束縛、想擁有自由的生活，那麼我強烈建議你可以試著重新認真思考自己是不是真的喜歡現在的工作。**之所以想擁有自由，說不定只是單純地為了逃避工作而已。**一旦認真面對自己真正想做的事，也許就能從錯誤的解釋或束縛中得到解脫。

把本章所介紹的「二十個規則」重新再讀過一遍就會知道，擁有上億年收的人，其實就是透過擁有目標並持續行動獲得真正的金錢機器，並且把必要的金錢和時間投資在「自己」這個無可取代的存在的人們。

只要從目標往回推算，持續累積行動，經過五年、十年之後，結果將會出現巨大的差距。

從現在開始還來得及，請大家務必將本書作為參考，開始行動吧。

結語

只要一個行動，人生就會開始動起來

人生真的非常有趣。只要一個行動，就會讓人生像過山洞一樣景色變得截然不同。

全球疫情使得以前那種一排一排坐在教室裡學習，或是每天搭電車上班的生活方式出現了改變。

行動也是一樣。隨著數位科技不斷進步，學習時間和上班工作時間的界線變得愈來愈模糊了。

邊走路邊透過影片或聲音來學習的人也變多了。

無論是在家裡或是地方的共享辦公室等任何一個地方，只要有電腦和網路，就能進行輸出。

我在新冠疫情的自我管理期間，在原本的兩個集團企業以外，又重新開啟了另一項新事業。

那項事業不需要員工，基本上所有工作都委託給外部成員來完成。有年輕的看護師，也有來自地方的專業副業人員。

工作時間、地點，甚至是業績目標，全都交由成員自行決定。

我的工作範圍基本上是以東京為中心，不過每年會有幾次移居到我最喜歡的石垣島工作。以現在的說法來說就是「辦公度假」。但即便如此，也不會影響到我的生產力，而且說不定反而比以前更好了。

像這樣一旦數位科技或生產力的環境改變，每個人可以運用的時間也會大幅增加。這些多出來的時間如何運用，決定了一年後的自己的附加價值和年收入。

同時，在哪家公司工作、住在哪裡等這種不同圈圈之間的隔閡或能力差距，也會漸漸消失。

接下來的時代不只是工作方式，商品和服務也會以全新的形式呈現。而打造這種未來媒介之一，就是「元宇宙」。

機器人也是一樣。與其拘泥於人型機器人，不如直接把每個人家裡都有的電視機或掃地機變成保全機器人，或是能夠進行對話的感應裝置，說不定效率夠好。

人們過去所意識到的限制和能力極限，在如今這個時代已經徹底消失了。在這樣的社會中，成功的必備要素也正大幅改變中。

意識到這一點之後，我決定及早行動以改變自己的人生。

接下來就輪到你了。

光是加強理財素養是無法讓你年收上億的，還必須要學習新的知識。而我寫這本書的目的，就是要幫大家統整這些線索。

希望大家能夠反覆細讀這些內容，讓它引導你踏出改變人生的第一步。

最後，我想對給我這次寫作機會的PHP研究所的大隅元總編輯，獻上我的感謝，並以此為本書畫下句點。

二〇二三年元旦　上岡正明

作者簡介

上岡正明（Kamioka Masaaki）

FRONTIER CONSULTING董事長

1975年生。曾為節目企劃與電視節目編劇，27歲創立廣告公關顧問公司。公司在二十年間曾經協助200多家企業建立品牌，並成功推動多項國際觀光推廣活動。後來於研究所就讀MBA並取得學位（資訊工學博士前期課程），之後在多摩大學、成蹊大學、帝塚山大學等校擔任客座講師。所開設的以腦科學與人類行為心理為基礎的研究講座總是大受歡迎。此外，也以擁有二十五年投資資歷的知名投資家的身分活躍於該領域，至今已累積約6億日圓的資產。

著有《至死不渝的高速閱讀法：把知識化為收入的秘密》、《致富贏家只做「這件事」：股市小白成為億萬富翁的超強鐵則》、《股市高手的投資心理學：小資族必學！植入贏家心態、提升績效表現的高獲利法則》等多本暢銷書。包含中國、台灣、韓國等多國譯本在內，累計銷售達55萬冊。

除此之外還是一名投資理財型的YouTuber，個人頻道訂閱人數高達21萬人（2013年1月為止）。

主要參加的學會有日本社會心理學學會、日本行為經濟學學會、一般財團法人日本心理行為分析學會、一般財團法人小兒身心醫學學會、日本神經心理學學會。

＊個人YouTube頻道（幾乎每天更新）：

http://www.youtube.com/@kamioka01

＊個人官方X：

（每天早上發布技能訣竅、學習技巧或賺錢技巧）

http://x.com/kamioka01

有錢人都靠這一招年收破億 / 上岡正明作 ; 賴郁婷譯
.-- 初版.-- 臺北市 ：春天出版國際文化股份有限公司,
2025.07
面 ; 公分. -- (Progress ; 47)
譯自：年収1億円になる人は、「これ」しかやらない
ISBN 978-626-7735-11-4(平裝)
1.CST: 自我實現 2.CST: 生活指導 3.CST: 成功法

177.2 114006705

有錢人都靠這一招年收破億

年収1億円になる人は、「これ」しかやらない

Progress 47

作者◎上岡正明
內文插圖◎タカハラユウスケ
內文排版設計◎櫻井勝志
譯者◎賴郁婷
總編輯◎莊宜勳
主編◎鍾靈
出版者◎春天出版國際文化股份有限公司
地址◎台北市大安區忠孝東路4段303號4樓之1
電話◎02-7733-4070
傳真◎02-7733-4069
E-mail◎frank.spring@msa.hinet.net
網址◎http://www.bookspring.com.tw
部落格◎http://blog.pixnet.net/bookspring
郵政帳號◎19705538
戶名◎春天出版國際文化股份有限公司
出版日期◎二〇二五年七月初版
定價◎420元

總經銷◎楨德圖書事業有限公司
地址◎新北市新店區中興路2段196號8樓
電話◎02-8919-3186
傳真◎02-8914-5524
香港總代理◎一代匯集
地址◎九龍旺角塘尾道64號 龍駒企業大廈10 B&D室
電話◎852-2783-8102
傳真◎852-2396-0050

ISBN 978-626-7735-11-4